Copyright © 2023 by Universo dos Livros

Todos os direitos reservados e protegidos pela Lei 9.610 de 19/02/1998.
Nenhuma parte deste livro, sem autorização prévia por escrito da editora, poderá ser reproduzida ou transmitida sejam quais forem os meios empregados: eletrônicos, mecânicos, fotográficos, gravação ou quaisquer outros.

Diretor editorial
Luis Matos

Gerente editorial
Marcia Batista

Assistentes editoriais
Letícia Nakamura
Raquel F. Abranches

Preparação
Marina Constantino

Revisão
Nathalia Ferrarezi
Nilce Xavier

Prefácio
Tiago Valente

Ilustrações
Deleon Moreno / @deleondesenha
Karen Crysttina / @karencrysttna

Capa e Arte
Renato Klisman

Dados Internacionais de Catalogação na Publicação (CIP)
Angélica Ilacqua CRB-8/7057

U51t

    Taylor Swift através das eras / Universo dos Livros ;
ilustrações de Deleon Moreno, Karen Crysttina ;
prefácio de Tiago Valente. -- São Paulo : Universo dos Livros, 2023.
    112 p. : il., color.

    ISBN 978-65-5609-619-3

    1. Swift, Taylor, 1989-
I. Moreno, Deleon II. Crysttina, Karen III. Valente, Tiago

23-5471   CDD 927.8164

Universo dos Livros Editora Ltda.
Avenida Ordem e Progresso, 157 — 8º andar — Conj. 803
CEP 01141-030 — Barra Funda — São Paulo/SP
Telefone: (11) 3392-3336
www.universodoslivros.com.br
e-mail: editor@universodoslivros.com.br

TAYLOR SWIFT
ATRAVÉS DAS ERAS

São Paulo
2024

Grupo Editorial
UNIVERSO DOS LIVROS

PREFÁCIO

Como eu me tornei um Swiftie? Da forma mais clichê e previsível possível — terminando um namoro.

O ano era 2019 e eu tinha certeza de que a ferida em meu coração jamais cicatrizaria.

Por mais que eu conhecesse os hits e os singles de maior sucesso, nunca havia de fato mergulhado na obra da cantora e confesso que sempre achei toda essa história de eras bem confusa. Mesmo assim, em mais uma noite de choradeiras incontroláveis e colheradas enormes de brigadeiro, resolvi dar uma nova chance àquela que diziam ser a maior especialista em corações partidos da música pop. A filmagem da *Reputation Stadium Tour* estava, há alguns meses, disponível para qualquer Swiftie ao redor do mundo surtar com a era mais sombria da carreira da diva e parecia combinar perfeitamente com todos os pensamentos de frustração, tristeza, raiva e vingança que passeavam pelo meu corpo.

Apesar dos cenários grandiosos e das coreografias elaboradas, o que transformou essa experiência em um momento inesquecível foi a forma como a plateia parecia se comportar como uma unidade, ~~uma seita,~~ uma família, fosse gritando as letras de todas as músicas, contando até três na abertura de "Delicate", louvando ao som de "Don't Blame Me" ou entoando a ponte de "Getaway Car" como se cantassem um hino.

Era como se Taylor Alison Swift não só entendesse todas as aflições em meu coração, mas transformasse sentimentos que nem eu mesmo entendia em letras e melodias que me representavam melhor do que qualquer fotografia.

Talvez por ironia do destino (ou porque a loirinha tem câmeras escondidas nos quartos de todos os Swifties), a superação do término e a decisão de me abrir para novas paixões veio junto a uma nova era na carreira de Taylor — dessa vez, tematizada por cores alegres em tons pastel, baladas românticas e verões cruéis. Mais uma vez, as letras sobre esperança, superação e amores tranquilos pareciam ter saído diretamente do meu diário, o que fez com que *Lover* se tornasse o único álbum que eu ouviria por meses.

Foi quando eu soube que não teria mais volta.

Ao longo dos anos, Taylor continuou compondo mais músicas do que parecia humanamente possível e fazendo os significados de seus versos conversarem com meus conflitos internos mais secretos, marcando momentos da minha vida e de milhões de Swifties para sempre.

Taylor Swift através das eras é uma viagem pelos principais atos de sua carreira e de sua vida, por todas as suas transformações e inovações, então não se esqueça de pegar seu cardigã velho embaixo da cama, seu cachecol vermelho e suas pulseiras da amizade. Para Swifties como eu e você, esta é uma oportunidade incrível para relembrar nossa trajetória por meio de músicas que contam as nossas próprias histórias.

Are you ready for it?

Tiago Valente
Mestre em Letras pela Unifesp,
autor e criador de conteúdo literário para redes sociais

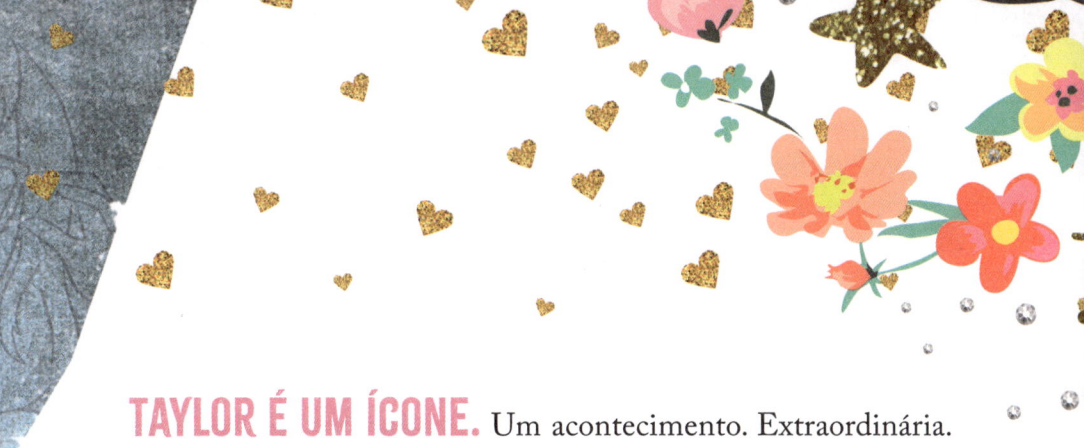

TAYLOR É UM ÍCONE. Um acontecimento. Extraordinária. E provoca em nós, meros mortais, reações indescritíveis.

A cantora segue se reinventando, transitando entre os gêneros musicais, mas sem perder as características que a transformaram em uma das maiores estrelas musicais do mundo.

Todo mundo sabe que ela tem uma baita reputação. Muita história para contar, recordes quebrados, presença marcante e uma voz maravilhosa. E ela faz tudo parecer tão simples, com tanta naturalidade, que qualquer pessoa se imagina de pé no palco de um estádio lotado.

Imagine ser uma estrela como Taylor, capaz de fazer as pessoas chorarem, rirem, divertirem-se e lembrarem-se de momentos marcantes do passado.

A música tem esse efeito.

Acontece que não é assim tão simples. Esse talento em contar histórias por meio de canções é para poucos. E Taylor não é apenas boa nisso. Ela é ótima. Se não a melhor.

Contar uma boa história é uma das formas mais antigas de entreter as pessoas. Agora, CANTAR histórias é algo diferente.

Todos sofremos juntos quando ela fala sobre um amor que deu errado, um sentimento ruim ou uma situação difícil.

Suas letras são como um diário aberto, dando a impressão de que a conhecemos tanto que a consideramos nossa melhor amiga. Por exemplo, em "22", faixa do disco *Red*, ela fala da transição da adolescência para o começo da vida adulta, uma fase difícil para todos. Em dois versos, conseguiu expressar isso muito bem:

> "Somos felizes, livres, confusos e solitários
> Tudo ao mesmo tempo
> É péssimo, porém mágico"

Claro que, ao abordar como ninguém as emoções que enfrentamos, ela também fala de amor. Taylor é uma romântica inveterada que sabe como ninguém fazer uma multidão sonhar acordada com os beijos do *crush*.

"Last Kiss", faixa de *Speak Now*, chega a dar vontade de passar o dia na cama, ouvindo a música e desejando um amor para chamar de seu.

Em "Back to December", outra canção do mesmo álbum, ela retrata como é difícil perceber não ter dado valor a alguém que esteve ao seu lado. Um remorso que muita gente já viveu na pele.

Suas letras contam histórias envolventes, comoventes, apaixonantes. Sim, Taylor ama contar histórias e tem a capacidade de transformar suas experiências pessoais, tudo aquilo que vive e sente, em poesia para os ouvidos. Isso porque ela escreve a letra de todas as suas músicas, seja como coautora, seja como única autora.

É necessária muita coragem para contar ao mundo seus sentimentos mais íntimos. Talvez por isso todos queiram ir aos shows de Taylor Swift. Para cantar com ela aquilo que não têm coragem de dizer em voz alta em outra ocasião. Pena que os ingressos são sempre disputadíssimos.

E a musa inspiradora desta obra só cresce a cada ano — um feito admirável em uma indústria em que as pessoas aparecem e desaparecem com a mesma rapidez.

Mas Taylor não conseguiu chegar onde está por mero acaso. Sua história é tão icônica quanto ela. São milhões de álbuns vendidos, turnês esgotadas e recordes quebrados, números que crescem mais e mais a cada dia. Quando o assunto é a loirinha, há sempre uma novidade capaz de nos surpreender.

Além de seu talento musical, Taylor Swift tem sempre uma carta na manga. Ela adora atiçar a curiosidade dos fãs ao nunca revelar os planos de uma vez, e sim ir soltando algumas pistas, inclusive nos videoclipes, e ela e sua equipe estão sempre pensando em maneiras de estimular a fantasia de seus seguidores. E assim vai fazendo todo mundo soltar a imaginação... O mais incrível é que tudo o que ela posta vira assunto por semanas. É basicamente seu jeitinho de levantar algumas especulações e, então, ela solta uma bomba.

Ao se pronunciar, Taylor deixa muita margem para discussões, quase sendo enigmática quando publica algum post.

Ao anunciar o início da "The Eras Tour", nos Estados Unidos, por exemplo, ela disse que cada apresentação teria duas músicas surpresa. Bastou essa notícia para os fãs derrubarem as redes dela pedindo as músicas que queriam ouvir nos shows. Além disso, tornou-se um passatempo acompanhar as escolhas da cantora para cada "seção surpresa". As pessoas passaram a tentar adivinhar quais músicas viriam a seguir e se havia um significado maior por trás de cada uma delas.

Isso porque, desde o início da carreira, a cantora sempre se mostrou atenta aos detalhes, algo que já é uma marca registrada. Tudo — TUDO MESMO — o que ela lança é impecável, do cenário ao figurino.

Além disso, ela é uma artista completa. Compõe, canta, dança, faz uma verdadeira interpretação das músicas durante os shows. E consegue provocar arrepios até mesmo sentada ao piano. Ela costuma se emocionar ao tocar o instrumento, porque se lembra da avó.

Sabe o tipo visceral? É bem por aí, especialmente nas letras.

Taylor escreve sobre absolutamente tudo: decepções, paixões, derrotas, conquistas, alegrias. Ela é gente como a gente, mas escreve sobre suas emoções particulares com tamanha habilidade e lirismo que chegamos a sentir na pele. Por isso temos vontade de cantar suas músicas a plenos pulmões.

UMA GRANDE CONTADORA DE HISTÓRIAS. Essa é uma das melhores definições para Taylor Swift e não há dúvidas quanto a seu talento como compositora, que se manifestou logo cedo. Uma de suas primeiras músicas foi escrita na escola. Veja só.

Ela queria enumerar as razões para o então namorado não se esquecer dela. E o nome de Tim McGraw — um de seus cantores favoritos — foi a primeira coisa que lhe veio à cabeça.

> "Quando você pensar em Tim McGraw
> Espero que pense em minha canção favorita
> Aquela que dançamos a noite toda"

Taylor sempre falou sobre o que sentia em suas canções e fez o mesmo em "Teardrops on My Guitar". Ela se interessou por um garoto que a considerava sua melhor amiga.

No fim, ele acabou ficando com outra garota e Taylor nunca lhe revelou seus sentimentos. Quer dizer, ele ficou sabendo por meio da música, pois na canção ela até cita o nome do rapaz.

Imagina só essa situação?! Ele ainda tentou se conectar com ela depois disso, mas não rolou.

Não podemos negar que Taylor foi muito destemida (alerta de trocadilho!) para escrever de modo tão direto!

Isso acontece em outras músicas. Em "Stay Beautiful", quando conta que "os olhos de Cory são como a selva", ela se referia a Cory Robertson, um garoto com quem nunca ficou.

Ainda no Ensino Médio, teve um rolo com um rapaz chamado Sam Armstrong, e, adivinhe?! Para ele, escreveu a música "Should've Said No". O motivo? Uma traição!

Na música, ela diz que Sam deveria ter negado a tentativa de aproximação de outra garota.

No encarte do álbum, as letras s, a e m que aparecem nos versos dessa música estão destacadas. Era como um "código" que explicava o significado por trás de cada música. Taylor costumava fazer isso em seus primeiros álbuns, algo que com certeza ajudou a consolidar sua fama como rainha dos *easter eggs*.

E não foi só no primeiro lançamento de Taylor que aparecem canções para seus relacionamentos amorosos.

Quando escreveu "Hey Stephen", do álbum *Fearless*, estava de olho no cantor Stephen Liles, da dupla country Love and Theft, que abriu alguns de seus shows. Mulher decidida e cheia de ousadia, mandou uma mensagem para ele, dizendo: "Ei, faixa 4!". Depois disso, Liles afirmou que ficou um dia inteiro pensando no que teria feito para merecer uma canção escrita por Taylor.

"Forever & Always", do mesmo álbum, também veio do fundo da alma, depois que Taylor recebeu uma ligação nada agradável de Joe Jonas, da banda Jonas Brothers, terminando a relação dos dois — convenhamos, uma atitude bem deselegante da parte dele. Atualmente, o episódio está superado pelos dois; isso aconteceu quando ambos eram muitos jovens, mas, na época, Taylor fez questão de contar para o mundo todo como ficou possessa com ele:

*"Fui longe demais?
Será que fui honesta demais e você fugiu e se escondeu?
Como um garotinho medroso
Olhei em seus olhos
Achei que te conhecia, agora não sei mais"*

Como resposta, o cantor escreveu a canção "Much Better", fazendo referências ao término com Taylor, bem como a seu novo relacionamento: "E as lágrimas em seu violão / Não estou ressentido / Mas agora vejo / Que tudo que sempre precisei / É a garota na minha frente / Ela é muito melhor".

Taylor não deixou por menos e respondeu em seu álbum seguinte, *Speak Now*. A balada "Last Kiss" teria sido inspirada na relação com Joe. Afinal, a mensagem secreta do encarte que se refere a essa música é, nada mais, nada menos, "Forever & Always". Já a mais afiada "Better Than Revenge" é interpretada como uma provocação a Jonas e à nova namorada.

Mas o mundo gira e a fila anda, e, no mesmo álbum, encontramos músicas que se referem a outras experiências amorosas da cantora. "Back to December" é a primeira letra em que Taylor pede desculpas a alguém, assumindo a culpa pelo fim de uma relação. A música é notoriamente dedicada a Taylor Lautner, com quem fez par romântico no filme *Idas e vindas do amor*. Apesar do breve relacionamento amoroso, os dois continuaram amigos, mantendo uma boa relação tanto diante das câmeras quanto nos bastidores.

Tanto é verdade que, na passagem da "The Eras Tour" por Kansas City, nos Estados Unidos, Lautner fez uma aparição especial e, diante de milhares de pessoas declarou: "Eu te respeito tanto, não só pela cantora, compositora e artista, mas sobretudo pelo ser humano que você é", disse o ator, com a voz embargada. "Você é amável, humilde e gentil, e eu me sinto honrado de conhecê-la."

Fofos, né?

Já outras histórias de amor são mais difíceis de superar. Em "Dear John", que muitos fãs têm certeza de que foi feita para o cantor e guitarrista John Mayer, ela canta:

*"Querido John, agora enxergo tudo, foi tudo muito errado
Você não acha que dezenove é jovem demais
Para participar dos seus jogos doentios
Quando eu te amava tanto?"*

Embora a própria Taylor nunca tenha admitido que a música tenha mesmo sido feita para Mayer, é lógico que a letra deu o que falar. Na época, ela já havia lançado três álbuns e conquistado alguns Grammys, mas ainda não era a estrela global que é hoje. Por isso, ao revisitar a canção em um show da "The Eras Tour" em Minneapolis (foi uma das músicas surpresa da noite), a cantora pediu aos fãs que não fossem à internet defendê-la contra alguém para quem eles achavam que ela tinha escrito a música. Mas os Swifties cancelaram o cantor mesmo assim.

O clássico "Enchanted", do álbum *Speak Now*, também foi uma composição para alguém por quem ela estava (literalmente) encantada. O cara em questão era Adam Young, vocalista do Owl City, que não chegou a ter uma relação com Taylor, mas ficou bem próximo dela.

> Para alguns pode ser só coincidência, mas Taylor Swift acredita que o número 13 lhe traz sorte. Além de ter nascido no dia 13 e completado 13 anos em uma sexta-feira 13, ela enumera outras razões para a escolha: "O meu primeiro álbum conquistou o certificado de ouro em 13 semanas. A minha primeira canção teve uma introdução de 13 segundos. Quando ganho prêmios estou sentada no lugar 13". Ela até abriu uma empresa com o nome 13 Management e a sua conta no Twitter é @taylorswift13.

À medida que Taylor amadurecia pessoal e profissionalmente, suas referências foram ficando um pouco mais discretas. "State of Grace", "Girl at Home", "The Moment I Knew" e "We Are Never Ever Getting Back Together", por exemplo, são reações de Taylor a um ex que ela não revela quem foi. É claro que isso não impede que os fãs especulem.

"Everything Has Changed", que Taylor canta ao lado de Ed Sheeran, com certeza é a favorita dos mais românticos. Esta foi escrita para Conor Kennedy, que a artista namorou brevemente.

Na letra, borboletas!

*"Em meu estômago são borboletas
Do tipo mais lindo, compensando o tempo perdido
Voando livres e me fazendo sentir
Só quero te conhecer melhor, melhor, melhor"*

Quando Taylor lançou *Lover* tudo ficou muito claro: ali ela queria falar de amor. Com um álbum para lá de romântico, tudo o que os fãs queriam saber era: afinal, aquele álbum era uma linha do tempo de uma relação?

Muitas pessoas especularam que o disco falava sobre sua relação com Joe Alwyn, que Taylor namorou durante anos.

Como ela sempre foi reservada em relação a esse relacionamento, nada foi confirmado, mas as pessoas acreditam que "London Boy", em que menciona as covinhas de um garoto, foi realmente feita para ele.

Na faixa que nomeia o álbum, "Lover", ela se pergunta: "Eu o conheço há vinte segundos ou vinte anos?".

E por mais que o término dos dois tenha sido anunciado no começo de 2023, de uma coisa ninguém duvida: Taylor tem o poder de transformar qualquer sentimento em música. Não importa o que aconteça em sua vida daqui para a frente, temos certeza de que ela continuará nos surpreendendo.

ALGUNS EPISÓDIOS POLÊMICOS também fazem parte da carreira de Taylor. Foram provocações que sofreu por estar no auge. Mas o fato é que nenhum sucesso nos torna imune a críticas e, como seria comum a todo ser humano, Taylor se magoou de verdade com algumas situações.

Claro que, de todo limão, ela fez boas limonadas e até compôs músicas e fez videoclipes para falar sobre as tretas antigas.

Uma das brigas mais conhecidas foi a que teve com o rapper Kanye West.

Tudo começou no MTV Video Music Awards de 2009 quando, no meio do discurso de agradecimento de Taylor pelo prêmio de Melhor Videoclipe Feminino, escolhido por voto popular, o rapper Kanye West simplesmente subiu ao palco, pegou o microfone da cantora e foi logo dizendo: "Taylor, estou muito feliz por você, vou deixar você terminar, mas a Beyoncé fez um dos melhores videoclipes da história". Ele se referia ao clássico vídeo de "Single Ladies".

Claro que, na época, ele foi criticadíssimo pela indelicadeza (para dizer o mínimo), sendo, inclusive, vaiado na hora. Beyoncé acabou vencendo na categoria Videoclipe do Ano e chamou Taylor para terminar seu discurso. Até Barack Obama, então presidente dos EUA, comentou o fato. Afinal, Taylor era apenas uma garota de dezenove anos.

Depois, o cantor pediu desculpas pelo ocorrido. Taylor, por sua vez, chegou a dedicar a música "Innocent", do disco *Speak Now*, para Kanye.

Anos depois, porém, o rapper a mencionou em um verso bem pejorativo de sua música "Famous", xingando a cantora e afirmando ser o responsável pela fama dela. Na época, ele ainda era casado com Kim Kardashian, que publicou a gravação editada de um telefonema entre os dois músicos, endossando que a música tivera o aval de Taylor, apesar de a cantora afirmar o contrário. E então começaram mais ataques a Taylor. Aqueles que acreditaram que ela estaria mentindo sobre não ter aprovado a canção de Kanye invadiram as redes dela com emojis de cobra.

Enfim, mais alguns anos se passariam até que a verdade viesse à tona, com a divulgação da ligação na íntegra. Taylor dissera a verdade desde o início.

Outra grande confusão em que se meteu foi a rusga com a cantora Katy Perry. Tudo começou quando Taylor contratou três dançarinos que haviam participado de uma turnê de Katy Perry. Porém, antes de assinar o contrato, eles desistiram e optaram por participar da nova turnê de Perry. Taylor achou que o negócio era uma grande sabotagem e as coisas entre as duas começaram a desandar. Era uma escrevendo música para a outra. Os ataques tiveram uma trégua quando Katy disse que, como foi Taylor que havia começado, era ela que deveria terminar e enviou um ramo de oliveira com uma mensagem de desculpas.

Oficialmente, as duas só fizeram as pazes em público quando Katy apareceu no videoclipe da música "You Need to Calm Down".

As polêmicas, no entanto, não pararam por aí.

O cantor britânico Damon Albarn, líder das bandas Gorillaz e Blur, atacou Taylor com todas as letras em uma entrevista quando disse que ela não escrevia as próprias músicas.

A artista não perdeu tempo e deu uma resposta bem direta: "Era uma grande fã sua até ver isso. Eu escrevo TODAS as minhas músicas. Sua tentativa de me queimar é completamente falsa e degradante. Você não precisa gostar das minhas músicas, mas é f*da tentar descreditar minhas composições [...] P.S.: Eu escrevi esta resposta sozinha, caso esteja se perguntando".

Depois dessa, Damon correu para se desculpar dizendo que "sua frase tinha sido tirada de contexto".

Por mais que tenha ficado ofendida com a afirmação, Taylor já se envolveu em questões muito mais sérias.

Ela foi vítima de assédio pelo DJ de rádio David Mueller, que levantou sua saia e lhe apertou a bunda no momento em que tiravam uma foto.

A equipe da cantora denunciou David que, depois, acusou Taylor de difamação, alegando que teria perdido milhões de dólares com a demissão por causa da denúncia.

Ela venceu o processo na justiça e, para provar que não queria o dinheiro dele — na verdade, o que ela queria era justiça, de fato —, cobrou o valor simbólico de 1 dólar como indenização.

Outra briga judicial de Taylor envolve uma disputa sobre propriedade intelectual.

A Big Machine Records, gravadora de Taylor de 2005 a 2018, ainda possui os direitos das gravações originais dos primeiros seis álbuns da cantora. É uma condição ruim para Taylor, porque, desta forma, sua antiga gravadora tem o poder de explorar as obras comercialmente mesmo depois da saída da artista. A solução encontrada pela artista foi regravar esses álbuns. Assim, ela garante controle total sobre as novas gravações. Todos esses relançamentos são sinalizados como "Taylor's Version".

Além de simbolizar o desejo da artista de ser dona de seu próprio trabalho, a empreitada também vem permitindo que Taylor revisite trabalhos antigos, acrescente novas músicas aos álbuns (chamadas de "From the Vault", algo como "diretamente do cofre") e celebre sua carreira.

TAYLOR'S VERSION

O primeiro álbum a ser regravado foi *Fearless*. Lançado em abril de 2021 com seis canções adicionais, foi sucesso de crítica e de público, tendo oito canções emplacadas na lista das cem mais ouvidas da Billboard na semana de lançamento.

A regravação seguinte foi do álbum *Red* e o lançamento ocorreu em novembro de 2021. Além das canções originais, ele traz outras seis inéditas. Uma versão de dez minutos da música "All too Well" também foi inserida no álbum e tornou-se a música mais longa a atingir o topo das paradas. Para ela, Taylor escreveu e dirigiu um curta-metragem.

O terceiro álbum a ser regravado foi *Speak Now*, lançado em julho de 2023, que contou com seis canções inéditas. Ele quebrou o recorde global do Spotify para o maior número de *streams* em um único dia de um álbum em 2023. Nos Estados Unidos, tornou-se o 12º álbum de Swift a alcançar o topo das paradas. Com isso, ela se tornou a artista feminina a ter mais álbuns nº 1 nas paradas, superando a lendária Barbra Streisand.

A loirinha já anunciou a regravação de *1989*, e ficarão para o fim as Taylor's Versions de *Reputation* e *Taylor Swift*.

Não à toa, ela vive a era das eras neste momento.

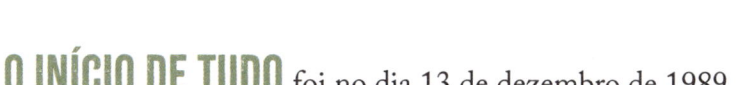

O INÍCIO DE TUDO foi no dia 13 de dezembro de 1989. Nessa data nasceu Taylor Alison Swift, em Reading, uma cidade no estado da Pensilvânia, nos Estados Unidos, e foi batizada com esse nome graças ao gosto da mãe, Andrea Swift, por James Taylor, um grande nome da música country da época.

Taylor passou os primeiros anos de vida em uma fazenda, enquanto iniciava sua educação em uma escola dirigida por freiras. Poucos anos depois, em 11 de março de 1992, nasceu Austin Swift, o irmão de Taylor.

Quando ela já estava com nove anos, todos se mudaram para a cidade de Wyomissing, ainda na Pensilvânia.

Foi lá que criou as lembranças de uma casa à beira-mar, onde passava férias em família. E foi na praia que ela começou a cantar.

Nessa idade, Taylor começou a gostar de teatro musical e ganhou um violão. O instrumento foi deixado de lado até que (olha só que história curiosa!), um dia, um técnico foi arrumar o computador dela e reparou no violão. Ele se ofereceu para lhe ensinar alguns acordes e ela aceitou. Nascia a paixão pelo instrumento que não largou mais.

O tempo foi passando e, já aos treze anos, foi pela primeira vez a uma gravadora apresentar suas canções. Levou seu violão para a RCA Records, um dos principais selos da indústria musical dos Estados Unidos, e tocou vinte músicas. Eles lhe ofereceram um contrato de artista em desenvolvimento, apostando em sua carreira. E assim começavam as eras de Taylor Swift.

"[...] Eu amo todo mundo que aumentou o volume do rádio quando a minha música começou a tocar, todo mundo que comprou o álbum. Todo mundo que canta junto a mim as minhas músicas quando me apresento ao vivo, todo mundo que pediu a minha música no rádio ou ao menos lembrou o meu nome. Se me vir na rua, quero te conhecer. E eu mesma irei agradecer. Você me deixou entrar na sua vida, e eu nunca vou conseguir agradecer o bastante.
Amo vocês, e amo Deus por ter colocado vocês na minha vida.

P.S.: Para todos os garotos que pensaram que seria legal partir o meu coração, adivinhem? Aqui estão catorze músicas escritas sobre vocês."

No início da carreira, Taylor Swift tinha um estilo mais meigo, a pegada de uma artista de música country, e logo se tornou uma promessa para o cenário da música country dos Estados Unidos, pois adicionava alguns elementos modernos ao gênero.

Além das músicas, seu vestuário também era mais country, com vestidos delicados, com um toque de elegância, e botas de caubói. Tudo trazia um ar mais inocente e romântico, que marcou uma era.

Na era *Taylor Swift*, as composições falavam muito dos desafios, das ansiedades, dos amores e das decepções típicas de uma adolescente. Afinal, era isso o que Taylor era na época, pois tinha apenas dezesseis anos em 2006, ano de lançamento de seu primeiro disco. Talvez o que tenha chamado mais atenção era a maneira tão íntima como a jovem artista compartilhava suas experiências.

TIM McGRAW

Taylor escreveu essa letra durante o primeiro ano do Ensino Médio. Enquanto a professora de Matemática fazia contas na lousa, Taylor pensava em Brandon Borello, seu namorado que estava prestes a ir para a faculdade, e o associou com a matemática perfeita: 1+1 = 2. Só que sabia que não seria bem assim. Daquela união ia rolar uma divisão.

E então lhe veio à mente seu artista favorito, Tim McGraw, um dos nomes mais importantes do country estadunidense.

A letra da música conta uma história de amor cuja trilha sonora foram as canções de Tim. Na época, Taylor foi comparada a artistas veteranos do estilo por ter tido coragem de escrever uma música tão pessoal. E o próprio cantor passou a amá-la.

"Tim McGraw" foi o primeiro single do álbum de estreia da cantora. Também foi a canção escolhida para o primeiríssimo videoclipe, em meados de 2006, que, logo de cara, recebeu o prêmio de Revelação do Ano do CMT Music Awards, prêmio do canal CMT, dedicado exclusivamente à música country.

Nesse videoclipe, dirigido por Trey Fanjoy, o par de Taylor foi interpretado por Clayton Collins, escolhido por sua semelhança física com o rapaz que inspirou a canção.

TEARDROPS ON MY GUITAR

Essa é de partir o coração, pois trata-se de uma história de amor não correspondido.

Taylor se inspirou em sua relação com um amigo. Como ele não sabia dos sentimentos dela, vivia contando de sua vida afetiva e pedindo conselhos amorosos. E então nasceu essa canção, porque ela chorava horrores em casa ao saber que ele estava feliz da vida em um relacionamento com outra pessoa.

O videoclipe retrata visualmente a mesma história. Com direção de Trey Fanjoy, mesma diretora de "Tim McGraw", foi gravado numa tacada só na Hume-Fogg High School, um colégio que fica na cidade de Nashville. A biblioteca, o laboratório de Química e o típico corredor de escolas estadunidenses aparecem no vídeo. O cenário do quarto onde Taylor aparece abraçada ao seu violão foi montado no teatro do colégio.

E o mais bacana é que os próprios estudantes puderam atuar como figurantes. Imagine só! Abigail Anderson, melhor amiga de Taylor, e Austin, irmão da cantora, também aparecem como figurantes.

O rapaz que machuca o coração de Taylor no vídeo é interpretado pelo ator Tyler Hilton, que já tinha dito em entrevistas que era fã das músicas dela e por isso foi convidado.

OUR SONG

Taylor fala que sua inspiração para "Our Song", que ela escreveu sozinha para um concurso de talentos, foi o fato de, na época, estar saindo com um garoto e eles não terem uma música própria, então ela decidiu escrever uma.

Ela queria uma música otimista. E foi isso o que conseguiu, num processo que durou apenas vinte minutinhos.

Como os dois videoclipes já mencionados, o de "Our Song" também foi dirigido por Trey Fanjoy, que teve algumas ideias logo que escutou a música.

"Ela imaginou a cena em que canto na varanda, a que estou rodeada por flores, a que canto com o figurino preto e branco. Tudo tomou forma na cabeça dela. Trey estava apta a transformar a música em filme, o que mostra a diretora incrível que ela é", contou Taylor em uma entrevista.

A ideia do projeto era ser algo meio fantasioso, mais surreal do que os outros videoclipes, o que se vê, por exemplo, nas cenas em que a artista aparece num leito de rosas segurando um cartão enquanto canta sobre a música do casal.

O sucesso foi estrondoso, e o videoclipe foi indicado à categoria de Videoclipe Mais Visualizado do CMT Online Awards de 2008.

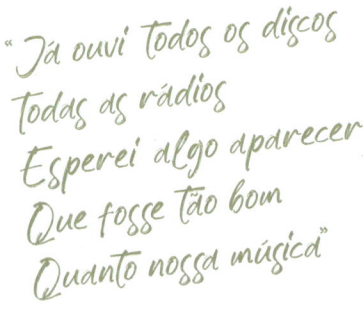

"Já ouvi todos os discos
Todas as rádios
Esperei algo aparecer
Que fosse tão bom
Quanto nossa música"

Uma ESTREIA promissora:

- Com seu primeiro álbum, Taylor Swift não demorou a atrair a atenção da crítica especializada, tendo sido nomeada ao VMA e ao Grammy de 2008 na categoria Artista Revelação.

FEARLESS

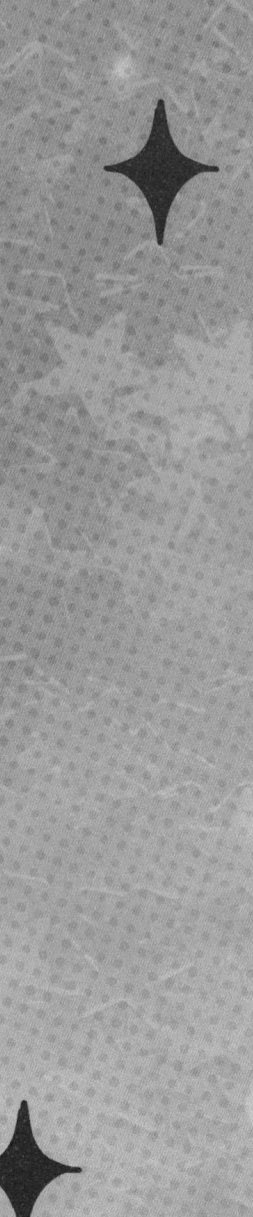

"[...] Para mim, ter um comportamento destemido não indica ausência de medo. Não significa não sentir medo. Para mim, é ter medo, ter dúvidas. Muitas dúvidas. É continuar vivendo com aquilo que nos apavora. É voltar a se apaixonar loucamente, mesmo tendo se decepcionado antes. É entrar, aos quinze anos, na sala do primeiro ano do Ensino Médio. É levantar-se e lutar pelo que deseja sem se cansar... mesmo que as tentativas anteriores tenham fracassado. É ter fé que um dia as coisas vão mudar. [...] Amar alguém, não importa o que os outros digam, é um ato destemido. Permitir-se chorar no chão do banheiro é ser destemido. Deixar para lá é ser destemido. Então, seguir em frente e ficar bem... é ser destemido também. Mas não importa o que o amor traga, é preciso acreditar. É preciso acreditar em histórias de amor, em príncipes encantados e no 'felizes para sempre'. Por isso escrevi essas canções. Porque acho que o amor é destemido."

Com o passar do tempo, acompanhamos o amadurecimento de Taylor em vários sentidos.

Fearless, que quer dizer "destemido", era apenas seu segundo lançamento, mas a evolução da essência de Taylor que nos foi apresentada no álbum de estreia conseguiu transformá-la em um ícone adolescente.

Claro que o amadurecimento musical também se refletiu nas transformações em seu estilo. Ainda muito nova, sua imagem refletia um espírito jovem e romântico. Embora não tenha abandonado as famosas botas country, Taylor consolidou sua imagem de sonhadora por meio do vestuário. No seu guarda-roupa, não faltavam vestidos de baile com corpetes e saias de tule, que combinavam perfeitamente com atos como "Love Story", inspirado na história de *Romeu e Julieta*, peça de Shakespeare.

LOVE STORY

E, falando nela, a canção foi o primeiro single de *Fearless*. É um dos singles country mais vendidos de todos os tempos, superando a marca de 20 milhões de unidades vendidas em todo o mundo.

Taylor conta que escreveu a música pensando num cara que ela quase namorou: "Quando o apresentei para minha família e meus amigos, todos disseram que não gostavam dele. Todos! Pela primeira vez, consegui me identificar com aquela situação de *Romeu e Julieta*, em que as únicas pessoas que queriam que eles ficassem juntos eram eles mesmos. Essa é a música mais romântica que escrevi e é sobre uma pessoa que eu nem cheguei a namorar".

Um ponto que Taylor Swift e William Shakespeare têm em comum? Ambos sabem que, às vezes, os amores proibidos dão origem às melhores histórias de amor. Não por acaso, *Romeu e Julieta* é uma das histórias favoritas de Taylor. Imaginando-se nessa angústia, ela se sentou no chão do quarto e escreveu a música em apenas vinte minutos.

Mais uma vez, a artista repetiu a parceria com Trey Fanjoy, que dirigiu o videoclipe. Foram seis meses de preparação para tudo ficar do jeitinho que Taylor queria. Por exemplo, fez questão de escolher Justin Gaston, participante do reality show *Nashville Star*, da NBC, para ser seu par romântico.

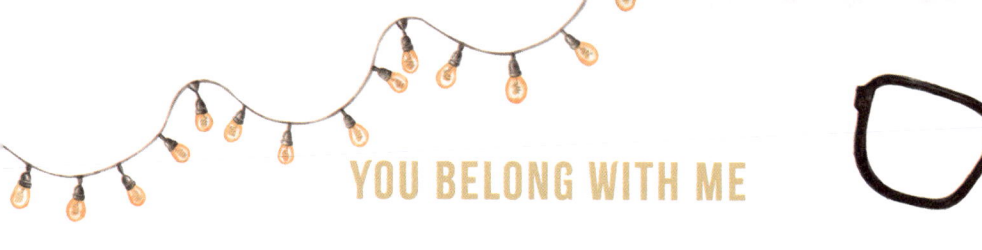

YOU BELONG WITH ME

Você já imaginou que trocar mensagens pela janela com seu vizinho pode até render uma boa história de amor?

Essa é a premissa do videoclipe do terceiro single de *Fearless*, que conta com Lucas Till como par romântico e vizinho fofo de Taylor, que faz tanto a protagonista quanto a antagonista: a vizinha nerd e a garota popular da escola. Taylor e o ator se conheceram quando ambos participaram de *Hannah Montana: O filme*, época em que, dizem, chegaram até a se envolver.

O videoclipe foi dirigido por Roman White. Taylor disse que desejava que o vídeo de "You Belong With Me" fosse "uma mistura de engraçado e emotivo".

As filmagens duraram dois dias e foram feitas nas cidades de Gallatin e Hendersonville, ambas no estado do Tennessee.

A cena épica do jogo de futebol americano foi gravada na Pope John Paul II High School, onde o irmão de Taylor estudou.

THE BEST DAY

Fofos demais! Essas duas palavras definem essa música e o videoclipe.

A letra é uma declaração de amor de Taylor para a mãe, Andrea Swift, de quem é muito próxima. Andrea sempre apoiou muito a filha, ajudando-a a enfrentar problemas com colegas de escola, por exemplo.

Foi tudo uma surpresa. Taylor gravou a música às escondidas da mãe, que sempre a acompanha, e só lhe mostrou no Natal, como presente. (Quem não ia querer um presente desses?)

A letra apresenta duas perspectivas: a de uma garotinha de cinco anos e uma versão já crescida da mesma criança, citando momentos ao lado da mãe, do pai e do irmão durante a infância.

O videoclipe de "The Best Day" combina com toda a surpresa. É composto de vídeos caseiros que Swift tinha de sua infância e foi todo editado por ela mesma. Tem Taylor bebê, criança e adolescente. E também uma cena da família completa saindo do hospital depois que o irmão dela nasceu.

O vídeo ainda mostra momentos seus tocando violão ao lado da mãe, e termina com a frase "Eu te amo, mãe". Um amor!

Para a Taylor's Version, o clipe ganhou novas imagens e fotos de Taylor e Andrea nos bastidores de shows, mostrando o apoio incondicional da mãe em todos os momentos.

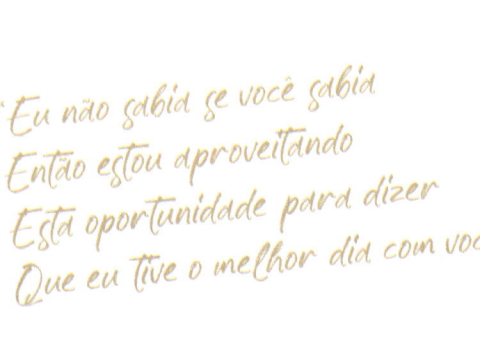

"Eu não sabia se você sabia
Então estou aproveitando
Esta oportunidade para dizer
Que eu tive o melhor dia com você hoje"

Um álbum destemido:

- Fearless ganhou quatro Grammys em 2010, dois deles nas categorias Melhor Álbum de Country e Álbum do Ano, e Taylor se tornou a artista mais jovem a vencer na categoria Álbum do Ano até aquele momento, aos vinte anos.
- Foi a melhor estreia feminina na Billboard 200 de 2008, com 590 mil cópias vendidas.
- É o álbum country mais premiado da História.
- O álbum retornou ao topo da Billboard 200 com o lançamento da Taylor's Version, em 2021, fazendo de Taylor a única artista da história a conseguir chegar ao topo da parada com uma regravação.
- "You Belong With Me" ganhou o VMA na categoria Melhor Videoclipe Feminino.

Speak Now

" [...] O que dizemos pode ser demais para algumas pessoas. Talvez algo saia errado e você gagueje e vá embora envergonhada, estremecendo enquanto repassa tudo na sua cabeça. Mas acho que as palavras que evitamos dizer são aquelas que mais vão nos assombrar. Então, fale o que deve ser dito para quem precisar ouvir ou então fale para si mesma diante do espelho. Fale em uma carta que nunca vai mandar ou em um livro que milhões de pessoas podem ler algum dia. Acho que todo mundo merece rememorar a vida, sem um coral de vozes entoando 'Eu poderia ter dito, mas agora é tarde demais'. Há tempo para o silêncio. Há tempo para esperar a sua vez. Mas, se você sabe como se sente e sabe tão claramente o que precisa dizer, eu não acho que você deva esperar. Acho que você deve falar agora."

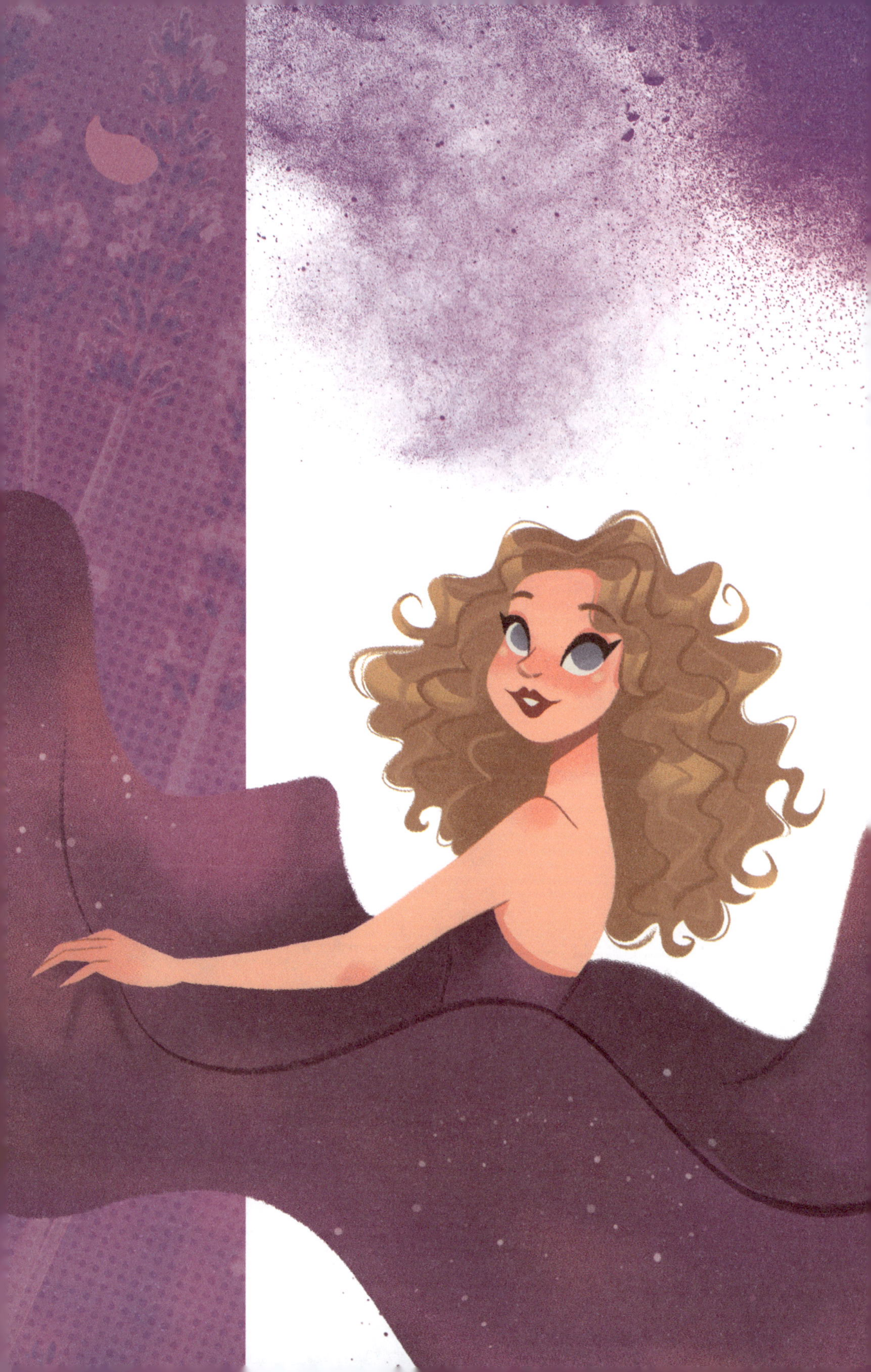

A Taylor da era *Speak Now* já era mais crescida. Ainda era uma jovem mulher, mas o sucesso dos dois primeiros discos sem dúvida a deixou mais segura e a fez amadurecer.

O fim da fase de menina tímida foi marcado por uma mudança gradual de estilo. Com os cabelos um pouco menos cacheados, ela também começou a usar vestidos mais curtos, brilhos e maquiagens mais diferentes e marcantes no tapete vermelho. No dia a dia, contudo, ainda era vista com suas estampas florais e saias.

Speak Now é um dos álbuns mais pessoais e íntimos da discografia de Taylor. Isso porque todas as músicas foram escritas exclusivamente por ela, sem a colaboração de ninguém. Esse é o grande diferencial do álbum, em que Taylor repetiu o feito de falar de suas emoções pessoais de maneira expressiva e profunda, o que ampliou o vínculo entre a artista e seu público.

ENCHANTED

Em "Enchanted", Taylor mais uma vez busca inspiração em sua vida pessoal para escrever músicas. Nela, fala sobre como se sentiu "encantada" ao conhecer Adam Young, vocalista e fundador da banda Owl City.

Em uma coletiva de imprensa, ela comentou que era sobre "um garoto que conheceu em Nova York" com quem já havia trocado alguns e-mails. "Mas, assim que nos conhecemos pessoalmente, tive aquele sentimento enorme que me fez pensar 'tomara que ele não esteja apaixonado por ninguém'."

É claro que Adam Young não perdeu a oportunidade de falar sobre "Enchanted" em entrevista: "É uma honra ser uma inspiração para ela, ter uma música que é indiretamente sobre mim no seu álbum, que é muito legal. Saber que alguém deu um jeito de fazer aquilo para você e é uma música tão respeitosa — acho que é essa a palavra —; é uma música ótima".

"Só posso dizer: fiquei encantada em te conhecer
Seus olhos sussurraram: Já fomos apresentados?"

BETTER THAN REVENGE

Nessa música, com uma batida pop-punk, Taylor canta sobre o desejo de vingança contra a garota que roubou seu namorado.

No refrão da versão original, Swift descreve sua rival como uma atriz que é conhecida por aquilo que faz na cama:

> "Ela não é santa e não é o que você pensa
> Ela é uma atriz, uau
> Ela é mais conhecida por suas proezas
> Na cama, uau"

Quem conhecia as músicas anteriores de Taylor ficou chocado: essa letra era diferente de tudo o que a musa já havia feito, mostrando um lado menos doce e inocente da artista.

Anos depois, Taylor admitiu que era muito jovem quando compôs a música e, tão logo teve oportunidade, alterou os dois últimos versos desse trecho para:

> "Ele era uma mariposa em direção à chama
> Ela estava segurando os fósforos, uau"

BACK TO DECEMBER

"Back to December" foi escrita como um pedido de desculpas ao ator Taylor Lautner. A respeito da música, a cantora disse: "É sobre uma pessoa que foi incrível e perfeita para mim durante um relacionamento, mas com quem fui muito descuidada. Então, esta é uma letra cheia de palavras que eu lhe diria que ele merece ouvir".

A música foi muito bem recebida pelo público e pela crítica.

O videoclipe de "Back to December" foi filmado em dezembro de 2010, poucos dias antes do Natal. O diretor, Yoann Lemoine, afirmou que "queria trabalhar com a frieza de sentimentos de uma forma muito visual, brincando com a neve, a distância e a tristeza". Ele também explicou que se inspirou no filme ET — *O extraterrestre*. Quem já tinha reparado?

Anos após o fim do relacionamento amoroso entre eles, Taylor Swift e Taylor Lautner não só ficaram amigos como voltaram a trabalhar juntos. O ator participou do videoclipe de "I Can See You", uma das novas faixas do *Speak Now (Taylor's Version)*. Nele, Swift é mantida em um cofre dentro de um museu que abriga diversos itens da artista e Lautner participa de uma operação para resgatá-la, conseguindo salvá-la no fim da história.

MEAN

"Mean" foi uma música que a cantora compôs para dar o troco em seus críticos de plantão. Ela diz que estava exausta de pessoas que duvidavam da qualidade de suas canções e criticavam suas habilidades vocais.

A música ficou marcada por refletir sobre a questão do *bullying* e os limites da crítica, que nem sempre é construtiva. Na letra, Taylor diz estar bem consciente das falhas apontadas incessantemente por seus críticos.

*"Você apontou minhas falhas mais uma vez
Como se eu já não soubesse"*

O videoclipe também é uma graça. Mostra exemplos de superação de pessoas que nem sempre tiveram apoio em suas jornadas enquanto Taylor tenta se soltar dos trilhos nos quais foi amarrada; uma cena bem típica dos filmes de caubói.

LONG LIVE

Taylor Swift sempre foi generosa com quem trabalha com ela. E "Long Live" foi uma música que ela fez para sua banda e todas as pessoas que a ajudaram a construir sua carreira.

"Essa música fala sobre momentos triunfantes que tivemos juntos nos últimos dois anos", conta, referindo-se aos fãs e a todas as pessoas que a acompanham de perto.

"'Long Live' é sobre como eu me sinto refletindo sobre isso. Esta música, para mim, é como olhar para um álbum de fotos de todos os prêmios, todos os shows em estádios, todas as mãos na multidão erguidas no ar. É a primeira canção de amor que escrevi para a minha equipe."

É exatamente isso o que Taylor quer dizer no trecho "Vida longa a toda a magia que fizemos", uma demonstração de sua gratidão por todos que caminharam ao seu lado em seus primeiros anos de carreira.

A música ganhou uma versão com trechos em português cantados por Paula Fernandes e alcançou a primeira posição do iTunes no Brasil assim que foi lançada. A música também fez parte da trilha sonora internacional da novela *Avenida Brasil*.

FALANDO de prêmios...
- A música "Mean" ganhou o Grammy nas categorias Melhor Canção de Country e Melhor Performance Solo de Country.
- Speak Now foi indicado ao Grammy na categoria de Melhor Álbum de Country.
- Figurou na lista dos cinquenta melhores álbuns femininos de todos os tempos, elaborada pela revista Rolling Stones em 2012.
- Estreou na primeira posição da parada musical americana Billboard 200.

RED

"[...] Minhas experiências amorosas têm me ensinado lições difíceis, especialmente minhas experiências mais loucas de amor. As relações vermelhas. Aquelas que foram de zero a 160 quilômetros por hora e, então, bateram num muro e explodiram. E foi horrível. Ridículo. Desesperador. E emocionante. E, quando a poeira baixou, foi algo que desejei jamais reviver [...]. Mas este álbum é sobre outros tipos de amores pelos quais eu recentemente me apaixonei e desapaixonei. Amores que foram traiçoeiros, tristes, belos e trágicos. Mas, acima de tudo, são relatos de amores vermelhos."

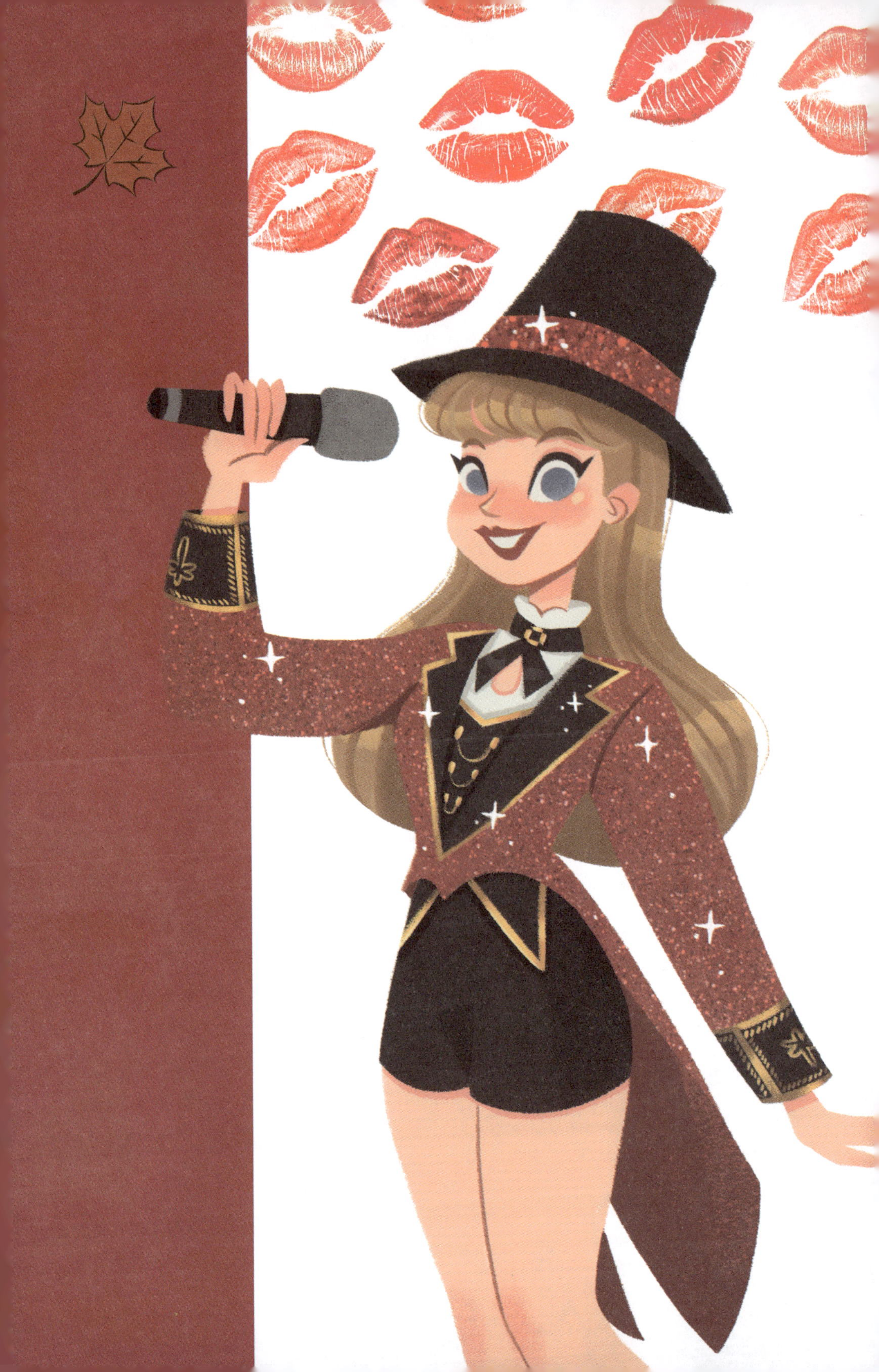

O lançamento do álbum *Red*, o quarto da carreira da cantora, marca a mudança mais drástica de estilo que ela adotou até aquele momento.

Para promovê-lo, Taylor apostou em visuais mais *vintage*, urbanos e de cores mais neutras. Ela passou a alisar o cabelo, e, claro, a cor vermelha apareceu para ficar nos acessórios e até no batom.

Todas essas mudanças de estilo também se refletiram na transformação da sonoridade da artista em *Red*. O country ainda estava presente, mas o disco introduziu uma musicalidade diferente para a cantora.

A cor vermelha assinala a paixão e a raiva que Taylor sentiu. Como ela mesma disse, as experiências amorosas difíceis lhe trouxeram amadurecimento. As canções giram em torno de términos, sentimentos contraditórios, dores e emoções puras e intensas de uma mulher que acabava de sair da adolescência, provocando identificação no público que crescia com a cantora.

I KNEW YOU WERE TROUBLE

Como já diz o próprio título, Taylor escreveu essa música sobre um certo alguém que sabia que lhe traria problemas. Por algum tempo, todo mundo especulou, mas a própria Taylor confirmou em entrevista ao *The Sunday Times* que a composição fala sobre seu relacionamento com o cantor Harry Styles.

A música conta um pouco sobre como ela se sentiu com o término da relação.

Se antes dessa entrevista havia dúvidas a respeito da inspiração por trás de "I Knew You Were Trouble", o impacto da faixa nunca foi dúvida para ninguém.

No videoclipe, Reeve Carney, que atuou como Peter Parker na adaptação de *Homem-Aranha* para a Broadway, aparece como seu par romântico.

Na época, Taylor comentou que é um videoclipe bem diferente dos outros que já fizera.

"A música soa diferente de tudo [o que fiz antes]. Então, por que não fazer um vídeo diferente também? [...] É um vídeo raivoso, porque cria a narrativa de uma história raivosa", explica.

"É o medo mais patético
Acaba me consumindo
De que você nunca me amou
Ou a ela
Ou alguém
Ou qualquer coisa"

EVERYTHING HAS CHANGED

"Everything Has Changed" foi escrita por Taylor e Ed Sheeran em um trampolim instalado no quintal da casa dela.

Ed comentou que o processo de composição com Taylor sempre foi diferente. "Ela escreve músicas em situações diferentes. Lembro-me de uma vez que nós saímos. Aonde fomos? Acho que estávamos no carro indo para o estúdio e ela pegou o celular emprestado e resmungou algo, depois o devolveu. Ela estava apenas coletando boas ideias. Ela é uma das poucas pessoas que sobraram na indústria musical que realmente se importam com as músicas que canta. E realmente quer escrevê-las", disse Ed rasgando-se em elogios à cantora.

No videoclipe, também muito fofo, um casal de crianças dá vida a uma história de amor. E sabe quem são os pais dessas crianças?

Taylor Swift e Ed Sheeran.

O mais legal é que Ava James e Jack Lewis, a dupla de então atores mirins, voltaria a participar da parceria Taylor e Ed, no videoclipe de "The Joker & the Queen".

WE ARE NEVER EVER GETTING BACK TOGETHER

A inspiração para esta letra veio quando o amigo de um ex-namorado de Swift apareceu no estúdio de gravação onde a artista estava. Ele achava que os dois tinham voltado.

Quando ele saiu, Taylor declarou "nós nunca mais vamos voltar".

E aí começou a compor os versos para a canção.

O videoclipe de "We Are Never Ever Getting Back Together" mostra Swift de pijama em casa tentando se livrar do insistente ex-namorado, com quem teve uma relação conturbada.

Não. Eles não vão voltar. Tipo, nunca.

22

I don't know about you, mas quem não se apaixonou por "22"?

Lógico que a inspiração de Taylor para escrever essa canção foi justamente completar 22 anos.

"Para mim, 22 foi a minha idade favorita. Eu gosto de todas as possibilidades, sobre como ainda estamos aprendendo, mas já sabemos o suficiente. Ainda não sei nada, mas pelo menos sei que não sei nada. Com essa idade, somos suficientemente grandes para começar a planejar a vida, mas suficientemente jovens para saber que há muitas perguntas sem respostas. Isso traz uma sensação de despreocupação que se baseia em uma espécie de resolução e medo, ao mesmo tempo que o perdemos [o medo]. Ter 22 me ensinou muito", ela conta.

"Não sei de você, mas eu me sinto com 22 anos
Vai dar tudo certo se você vier comigo
Você não me conhece, mas aposto que você quer
Vai dar tudo certo se continuarmos dançando
Como se tivéssemos 22 anos"

ALL TOO WELL

Acredita-se que "All Too Well" tenha sido inspirada na relação que Taylor teve com o ator Jake Gyllenhaal.

Para começar, há a história do cachecol. Em um dos versos, Taylor diz que deixou seu cachecol na casa da irmã do cara e que ele nunca devolveu.

E sabe quem já foi visto usando um cachecol muito parecido com um de Taylor? Jake.

O curta-metragem feito para a Taylor's Version mostra a peça e pronto. Só com base nessa informação a teoria de que a música tinha a ver com os dois foi reforçada.

Mas não foi só isso. Há também a questão da diferença de idade entre os astros, já que, na época em que namoraram, Jake tinha trinta anos e Taylor apenas vinte e um. No curta, a diferença de idade entre um casal é retratada. Na letra, Taylor ainda diz que vai envelhecer, mas que os amores dele continuarão a ter a idade dela.

A balada romântica virou um drama daqueles que sofremos junto porque conhecemos de cor. Toda relação acabada deixa feridas, lembranças. E essa música nos faz revisitar tudo de novo. Será por isso que se tornou uma espécie de hino para os fãs?

O *amor* é VERMELHO!
- Red foi indicado ao Grammy de 2014 nas categorias Álbum do Ano e Melhor Álbum de Country.
- Assumiu a liderança da iTunes Store de diversos países, inclusive a do Brasil, em seu primeiro dia de vendas.
- Para sua divulgação, Taylor veio ao Brasil e fez aparições em diversos programas de TV.
- Ela ainda fez uma apresentação fechada só para convidados; na ocasião, a cantora Paula Fernandes subiu ao palco com ela.
- "I Knew You Were Trouble" ganhou o VMA na categoria Melhor Videoclipe Feminino.
- "All Too Well: The Short Film", curta-metragem feito para a Taylor's Version, ganhou o VMA nas categorias Videoclipe do Ano, Melhor Direção e Melhor Videoclipe de Longa-duração.

1989

"[...] Escrevi sobre uma importante lição que aprendi recentemente [...], que as pessoas podem dizer o que quiserem de mim, mas não podem me fazer ficar desesperada. Aprendi a deixar as coisas para lá. Faz anos que conto minhas histórias. Algumas são sobre crescer. Outras sobre se desfazer. Esta é uma história sobre se tornar quem se é de verdade e, como resultado, viver! Espero que saiba que você me deu coragem para mudar. Espero que saiba que você é quem escolheu ser. E que os rumores não te definem. É você quem decide pelo que será lembrado [...]."

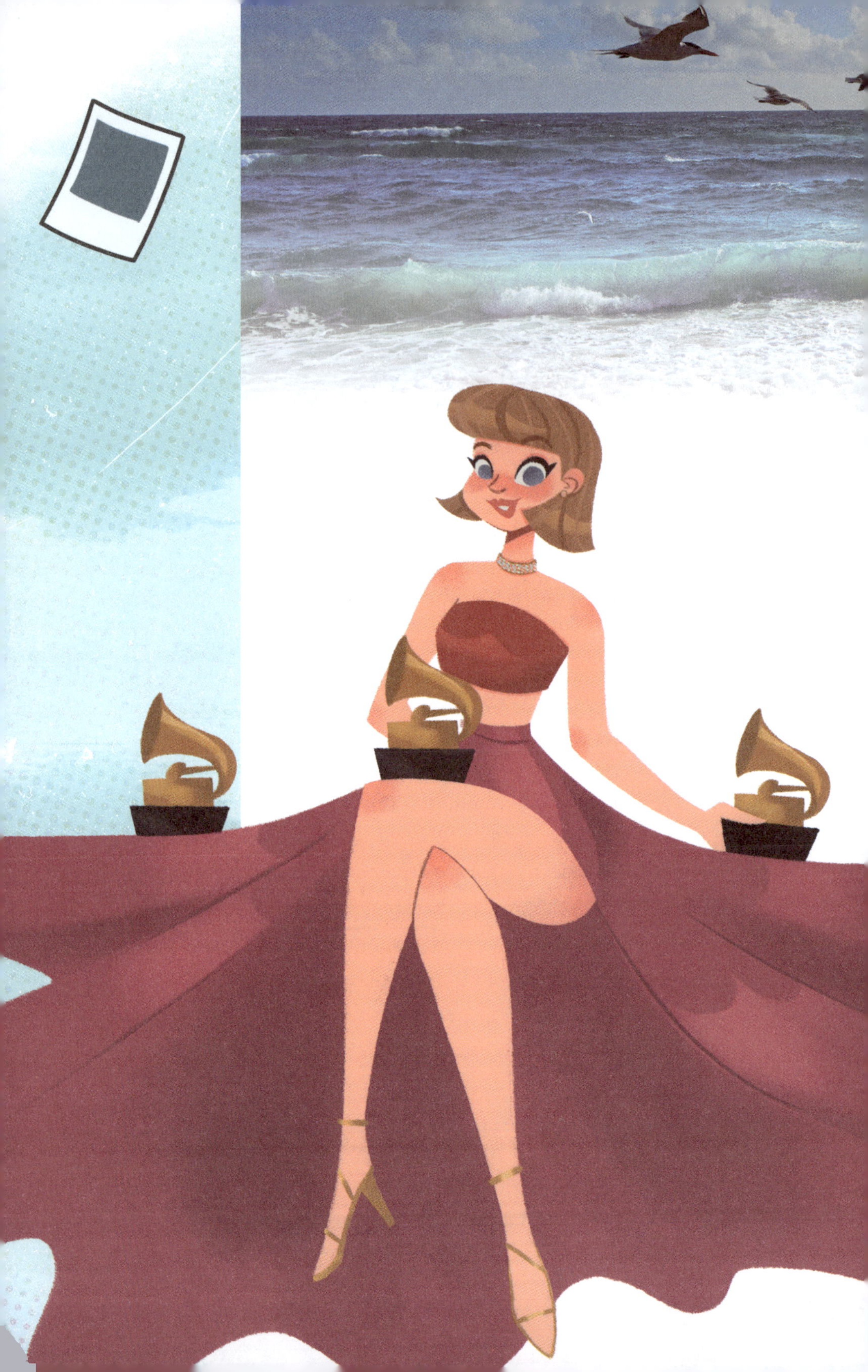

Em meados de 2014, Taylor cortou o cabelo mais curtinho e o repicou. O corte, completamente inesperado levando em consideração a imagem da artista até então, virou um dos queridinhos dos fãs.

Dizem que, quando uma mulher corta o cabelo, está prestes a mudar sua vida. O clichê fez sentido para essa fase de Taylor. Ela passou a usar croppeds e shortinhos de cintura alta com um toque da década de 1950. Os especialistas em moda afirmaram que ela estava assumindo um estilo mais *cool*.

Não é para menos. Em *1989*, as referências country ficaram definitivamente no passado, e o disco marca a mudança definitiva da cantora para o pop. Essa era é marcada por hits inesquecíveis. "Shake It Off", "Blank Space" e "Style" consagraram a cantora como ícone da geração. Também foi nessa época que a artista se mudou para Nova York ("Welcome to New York" é a faixa de abertura). E a mudança foi geral: todo mundo passou a olhar Taylor de outra maneira.

Como ela mesma disse: "Não são os outros que devem definir quem você vai se tornar. Isso só cabe a você."

BLANK SPACE

Ela vestiu a máscara da ironia e foi para cima de todos os críticos com essa música, que conta a história de uma mulher excêntrica que trata o amor como um jogo, sempre colecionando novos amantes. Os homens deveriam temê-la, mas, por algum motivo, não conseguem resistir a ela.

Com essa letra, Taylor soube como ninguém mostrar o quanto não liga para a opinião de ex-namorados e críticos, mas também que não vai se privar de se divertir e, quem sabe, de se apaixonar.

A própria Taylor diz que a música é uma grande piada: "Essa é uma das únicas letras que comecei a compor como uma grande piada. Penso que uma compositora deve ser consciente de quem é de verdade, mas também acho que não é certo ignorar o que as pessoas pensam de nós, qual é a opinião geral sobre nós. E nos últimos anos percebi que surgiram muitas histórias inventadas e dramas sobre a minha vida".

O videoclipe também foi uma grande brincadeira. O diretor, Joseph Kahn, declarou em entrevistas que parte do vídeo foi inspirada no clássico filme *Laranja mecânica*, de Stanley Kubrick. Na época do lançamento, foi criado um aplicativo que permitia um passeio em 360 graus pela mansão onde tudo foi filmado.

Esse videoclipe fez história ao se tornar o que atingiu mais depressa a marca de 1 bilhão de visualizações no YouTube.

SHAKE IT OFF

A música surgiu em meio ao clima que motivou a composição de "Blank Space". Swift explicou que compôs a faixa após conseguir superar o medo de não ser aceita: "Acho que [a canção] meio que fala sobre não se importar com o que as pessoas pensam de você [...]. Tipo, se orgulhar de quem se é e sinceramente não se importar se os outros não quiserem te entender".

Taylor também chegou a dizer que gostaria que a música impactasse positivamente todas as pessoas que passam por experiências parecidas em diferentes níveis, como *bullying* na escola.

O videoclipe foi dirigido por Mark Romanek, que contou que o conceito foi todo de Taylor: "Quando nos conhecemos, ela me disse que queria fazer um tipo de hino para os desajeitados, as crianças 'caretas', que, na verdade, são mais legais que as crianças 'bacanas'". Ele se rasgou em elogios à cantora e disse que ela foi clara sobre suas preferências.

As gravações duraram três dias e, sem dúvida, marcaram Taylor: "Essas foram as gravações mais longas que já fiz. Eu fiz diversas acrobacias e nunca tinha feito isso antes [...]. Foi assustador saber que eu sairia voando pelo ar, mas eles me pegaram, então foi bom".

STYLE

Sabendo o que sabemos sobre a vida amorosa de Taylor nessa época, fica fácil especular quem teria inspirado essa canção. Já começando a dar sinais de que queria distanciar a carreira da vida pessoal, a cantora precisou se desviar de perguntas bem diretas da imprensa: "Essa música é sobre minha vida e nunca revelei sobre quem é, mas acho que ela fala por si mesma. A maneira como ela soa é tudo o que preciso que saibam dessa história", declarou.

Na letra, Taylor canta que ouviu dizer que o cara com quem saía estava ficando com outras garotas, mas ela não podia culpá-lo, porque também tinha saído com outros caras.

"Eu nunca teria dito algo semelhante em um álbum anterior. Meus discos sempre foram meio na linha: eu estava certa, você estava errado, você fez isso e eu me senti assim", definiu a cantora. Conforme foi amadurecendo, no entanto, ela percebeu que a dinâmica da maioria dos relacionamentos é bem mais complexa. "Nem sempre existe o caso de quem está certo e quem está errado."

BAD BLOOD

Na época do lançamento de "Bad Blood", muita gente especulou que a canção se referia à rixa de Taylor com a cantora Katy Perry.

O refrão da música inclui o verso:

*"Queridinha, agora temos uma rixa
Sabe que costumávamos ser loucas de amor"*

O suposto desentendimento entre as duas foi um verdadeiro acontecimento em uma era em que todos estavam de olho nas amizades e nas inimizades de Taylor. Na era *1989*, a loirinha raramente era vista sozinha, estava sempre acompanhada de seu "squad", formado por Selena Gomez, Cara Delevingne, Karlie Kloss, Blake Lively, Gigi Hadid e Ruby Rose, entre outras famosas. E claro que não ia partir para a briga sozinha, chamando várias amigas do grupo para participar da batalha épica no videoclipe de "Bad Blood". A versão do single traz elementos de hip-hop com versos escritos por Kendrick Lamar.

WILDEST DREAMS

A música retrata uma relação carregada de intensidade e paixão, mas que está fadada ao fim. Pode-se dizer que ela se refere a um relacionamento tóxico, no qual a mulher reconhece que é uma relação problemática, mas, ainda assim, quer a companhia e atenção do parceiro. E, mais que isso, deseja que ele se lembre dela após o término, mesmo que seja em seus sonhos mais selvagens.

No videoclipe, Taylor interpreta uma atriz dos anos 1950 gravando um filme e toda a história da letra se desenrola com seu par romântico, interpretado por Scott Eastwood. Para essa atriz fictícia, Taylor escolheu o nome Marjorie Finn, uma homenagem a sua avó, Marjorie Finlay.

A Taylor's Version da música apareceu em um trailer da animação *Spirit: O indomável* em 2021, antes do lançamento oficial, e foi disponibilizada pela cantora após ter viralizado no TikTok!

Taylor é pop! Taylor é tudo!
- O álbum 1989 vendeu mais de dez milhões de cópias mundialmente.
- Foi premiado com o Grammy de 2016 nas categorias Melhor Álbum de Pop — o que rendeu a Taylor o título de primeira artista a conquistar o prêmio em gêneros musicais diferentes — e Álbum do Ano, o segundo de sua carreira.
- "Bad Blood" ganhou o VMA nas categorias Videoclipe do Ano e Melhor Colaboração.
- "Blank Space" ganhou o Grammy na categoria Melhor Videoclipe e o VMA nas categorias Melhor Videoclipe Feminino e Melhor Videoclipe de Pop.
- A música "Shake It Off" foi indicada ao Grammy nas categorias de Gravação do Ano, Canção do Ano e Melhor Performance Solo de Pop.

reputation

" [...] Quando este álbum sair, blogues de fofoca vão vasculhar as letras para ver a que homens cada música pode ser atribuída, como se a inspiração para uma música fosse simples e básica como um teste de DNA. Haverá compilações de fotos ilustrando cada teoria incorreta, porque é 2017 e, se você não viu uma foto de alguma coisa, é porque ela não poderia ter acontecido, certo? Deixe-me dizer de novo, mais alto para quem está lá no fundo... Nós pensamos que conhecemos as pessoas, mas a verdade é que só conhecemos a versão que elas escolhem nos mostrar. Não haverá mais nenhuma explicação. Restará apenas a reputação."

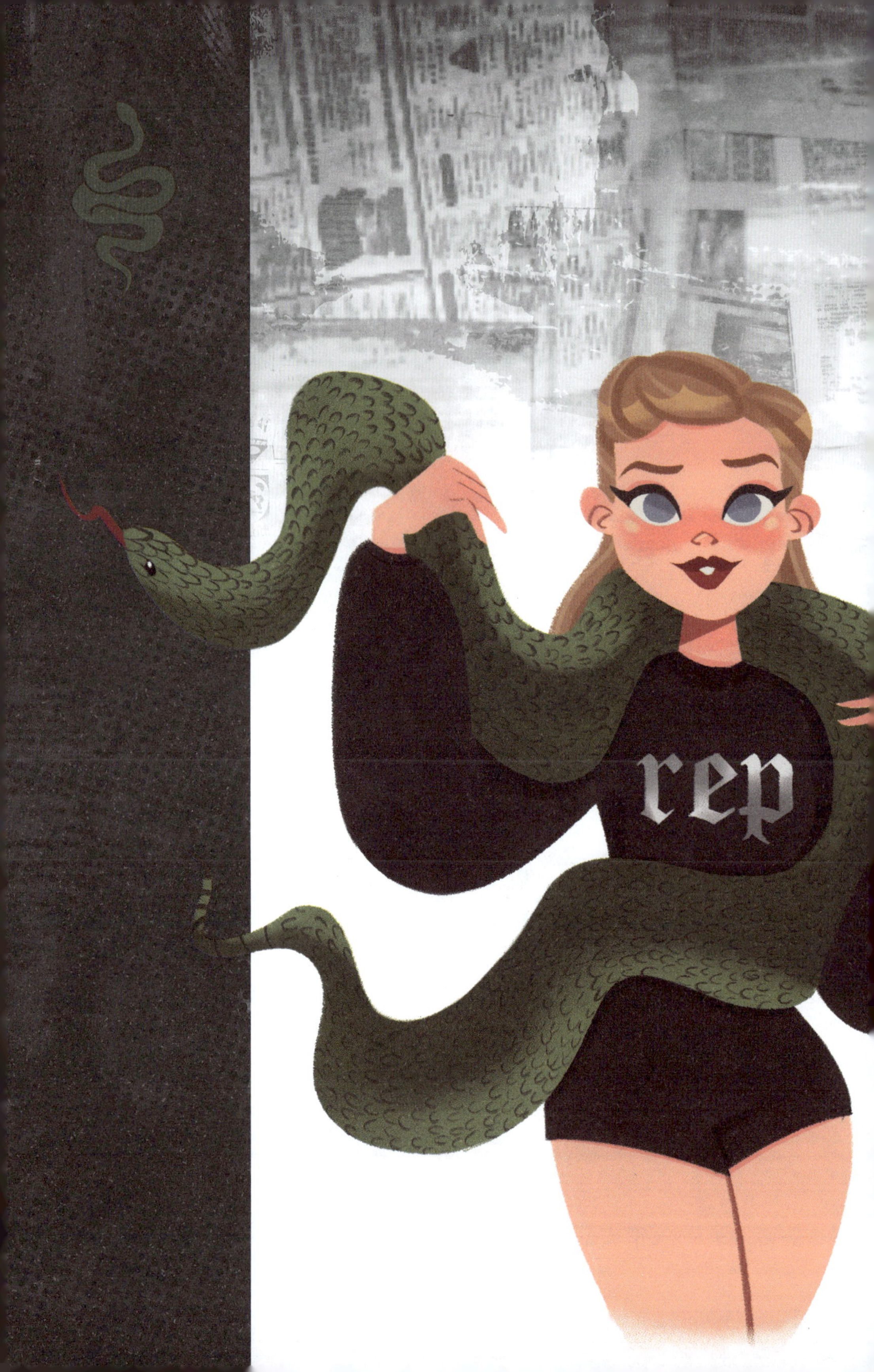
rep

Quando lançou o álbum *Reputation*, Taylor usou e abusou da imagem da serpente em suas redes sociais, abraçando uma nova *persona*, mais ousada e decidida, o que se tornou um verdadeiro acontecimento. Foi o primeiro álbum lançado pela artista depois de um cancelamento virtual em massa, provocado por afirmações mentirosas do rapper Kanye West.

Durante um ano, a cantora praticamente desapareceu da grande mídia para então mostrar mais uma vez por que merece estar onde está.

Em termos de sonoridade, o disco apresenta uma mistura de pop, eletropop e hip-hop, além de novamente questionar a narrativa da imagem pública de Taylor.

Reputation foi uma verdadeira guinada na carreira dela, uma plataforma para reivindicar o poder de contar a própria história.

LOOK WHAT YOU MADE ME DO

Essa música prova que nem sempre Taylor faz uso de mensagens subliminares. E, às vezes, solta mensagens nada discretas. Na letra, a artista diz que está presa entre quem ela é e quem dizem que ela é.

A música fala sobre tomar as cartas para si e redistribuí-las no tabuleiro da vida, deixando marcada a mudança de estilo de Taylor e trazendo um tom mais sombrio, além de uma abordagem um pouco mais direta.

No videoclipe, Taylor abusou de referências visuais que deixam claro que a ideia era soterrar o passado.

Entre elas, temos as lápides dispostas de maneira a formar um "TS" — as iniciais da cantora, antecipando a ideia de que tudo o que está ali enterrado já pertenceu a Taylor Swift ou está relacionado a ela —, a inscrição da lápide principal que diz: "Aqui jaz a reputação de Taylor Swift", como muitos falaram na época da briga com Kim Kardashian, e o cadáver da reputação de Taylor saindo da cova e jogando terra no passado.

Há ainda a participação das versões passadas de Taylor, mostrando que todas fazem parte da identidade da cantora, ao mesmo tempo que sua *persona* atual quer deixá-las todas para trás.

A Taylor's Version da música fez parte da trilha sonora da série *Wilderness,* um thriller sobre traição e vingança. Combinação perfeita, não?

... READY FOR IT?

Musicalmente, o single é diferente de tudo o que Taylor já tinha feito antes, aliando uma batida agressiva, letra cantada ao estilo hip-hop e um refrão pop que dá sinais do que viria a seguir na carreira da cantora.

No videoclipe, cheio de luzes e efeitos especiais, ela aparece como uma androide num body da cor de sua pele, que passa a impressão de nudez.

Alguns fãs viram similaridades entre o videoclipe e o filme *A vigilante do amanhã*, protagonizado por Scarlett Johansson. Nele, a atriz interpreta uma ciborgue especializada no combate ao ciberterrorismo. Segundo essa teoria, o vídeo poderia ser uma alusão ao roubo de fotos íntimas, do qual Taylor foi vítima. Alguns hackers invadiram sua conta de armazenamento na nuvem e chantagearam a cantora.

DELICATE

A letra de "Delicate" aborda o que acontece quando conhecemos alguém que queremos muito manter próximo e começamos a nos preocupar com o que a pessoa já sabe sobre a nossa reputação.

No videoclipe, Taylor se descobre invisível depois ler o bilhete de um homem misterioso.

O simbolismo é justamente este: Taylor sendo ela mesma pela primeira vez sem se importar com a maneira como as pessoas a veem. Na verdade, a estrela reconhece que sua imagem já está consolidada. As pessoas não estão prestando atenção a quem ela é de verdade. Dessa percepção, vem a liberdade de, por fim, ser quem ela é.

O videoclipe ganhou 13 milhões de visualizações apenas no primeiro dia de lançamento.

GETAWAY CAR

"Getaway Car", título que pode ser traduzido como "carro de fuga", é a metáfora de embarcar em uma aventura com alguém para fugir de um relacionamento sem futuro e, pelo menos por um período, escapar da própria vida.

A bordo do veículo, mesmo sentindo que está se movendo com rapidez, Taylor percebe que não chega muito longe. É uma fuga que traz bastante adrenalina, e a cantora se sente perseguida por sirenes e pelo antigo companheiro.

Para o parceiro que dirige o veículo, ela diz que ambos sabiam como isso ia acabar. Dois fugitivos desde o começo, e nada de bom pode começar em um carro de fuga.

Muitos especulam que se trata de um caso que a cantora teve enquanto estava num relacionamento. Na música ela fala de traição, paixão e da busca por emoções intensas.

DON'T BLAME ME

Está aí uma música que fala sobre amor. Mas a maneira como Taylor descreve esse sentimento nem sempre é comum. Em "Don't Blame Me", ela descreve como o amor a alucina a ponto de perder a razão, dizendo que seu amante era viciante como uma droga que ela usaria para o resto de sua vida.

No refrão, ela pede para ser redimida da culpa e salva porque o amor a deixou louca. Mais adiante, admite que "vem quebrando corações há muito tempo". Mas que, de uma planta venenosa, passa a ser uma margarida.

A letra fala sobre como nos sentimos quando estamos nesse estado louco. Musicalmente, porém, a canção foge dos padrões românticos, com uma batida marcante e a qualidade sonora inconfundível de *Reputation*.

Fazendo jus à REPUTAÇÃO!
- *Reputation* foi indicado ao Grammy de 2019 na categoria Melhor Álbum Vocal Pop.
- Venceu o Billboard Music Awards de 2018 na categoria Álbum Mais Vendido, além de ter sido indicado na categoria de Melhor Álbum da Billboard 200.

"[...] Eu decidi que nesta vida quero ser definida pelas coisas que amo — não pelas que odeio, das quais tenho medo ou pelas que me assombram no meio da noite. Estes podem ser os meus problemas, mas não são minha identidade. Eu desejo o mesmo para você. Que seus problemas se tornem barulho de fundo, inaudível, abafado pelas vozes altas e claras daqueles que te amam e te apreciam. Aumente o volume dessas vozes na sua cabeça. Que você perceba na sua vida as coisas que são boas e te fazem se sentir seguro, e talvez até se deslumbre com elas. Talvez você escreva seus sentimentos e reflita sobre eles anos depois, e, então, aprenda que todos os testes e as turbulências que achou que iriam te matar... não mataram. Espero que um dia você esqueça que a dor alguma vez já existiu. Espero que, se existir um amante em sua vida, que seja alguém que te mereça. Se esse for o caso, espero que você o trate com apreço."

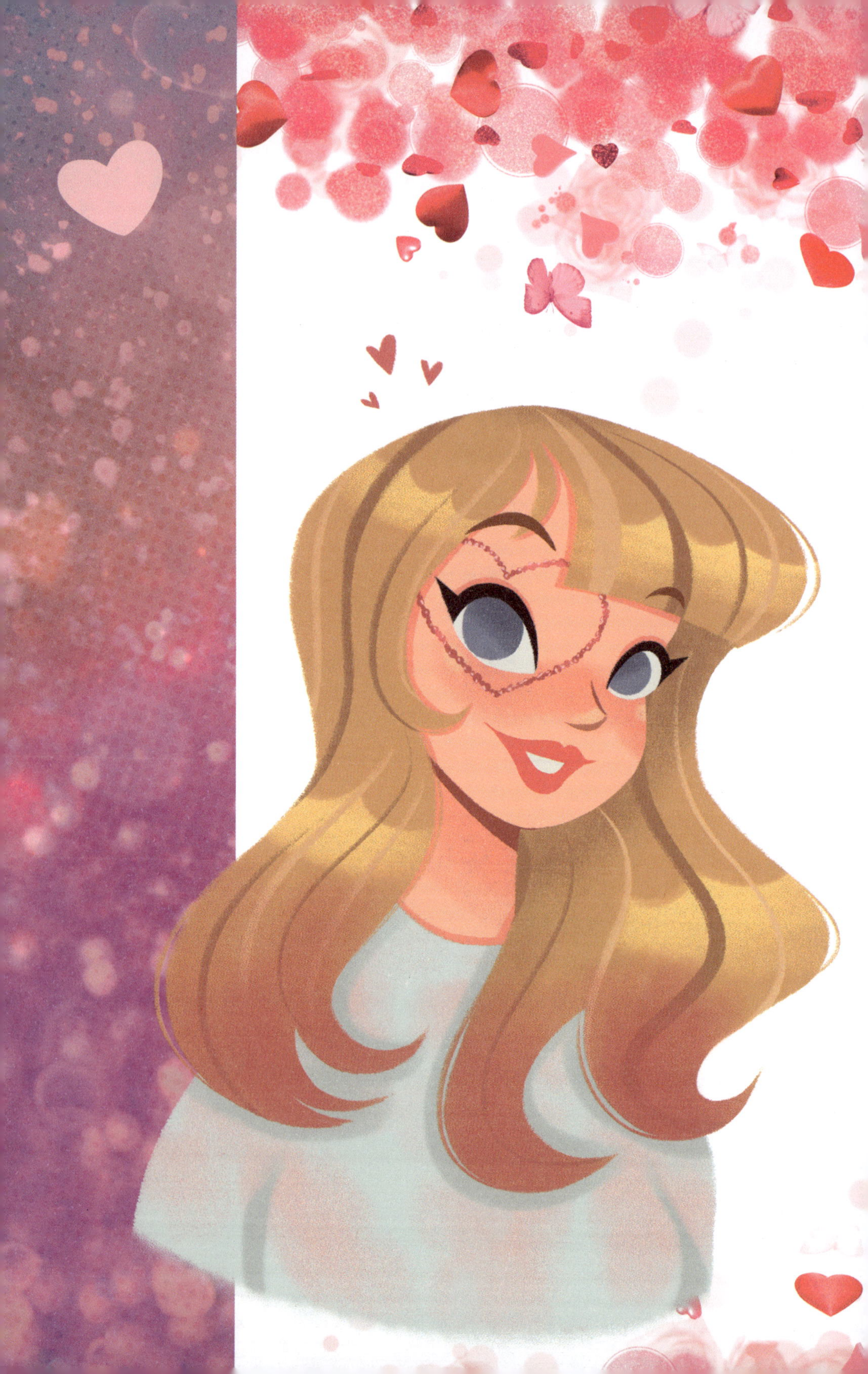

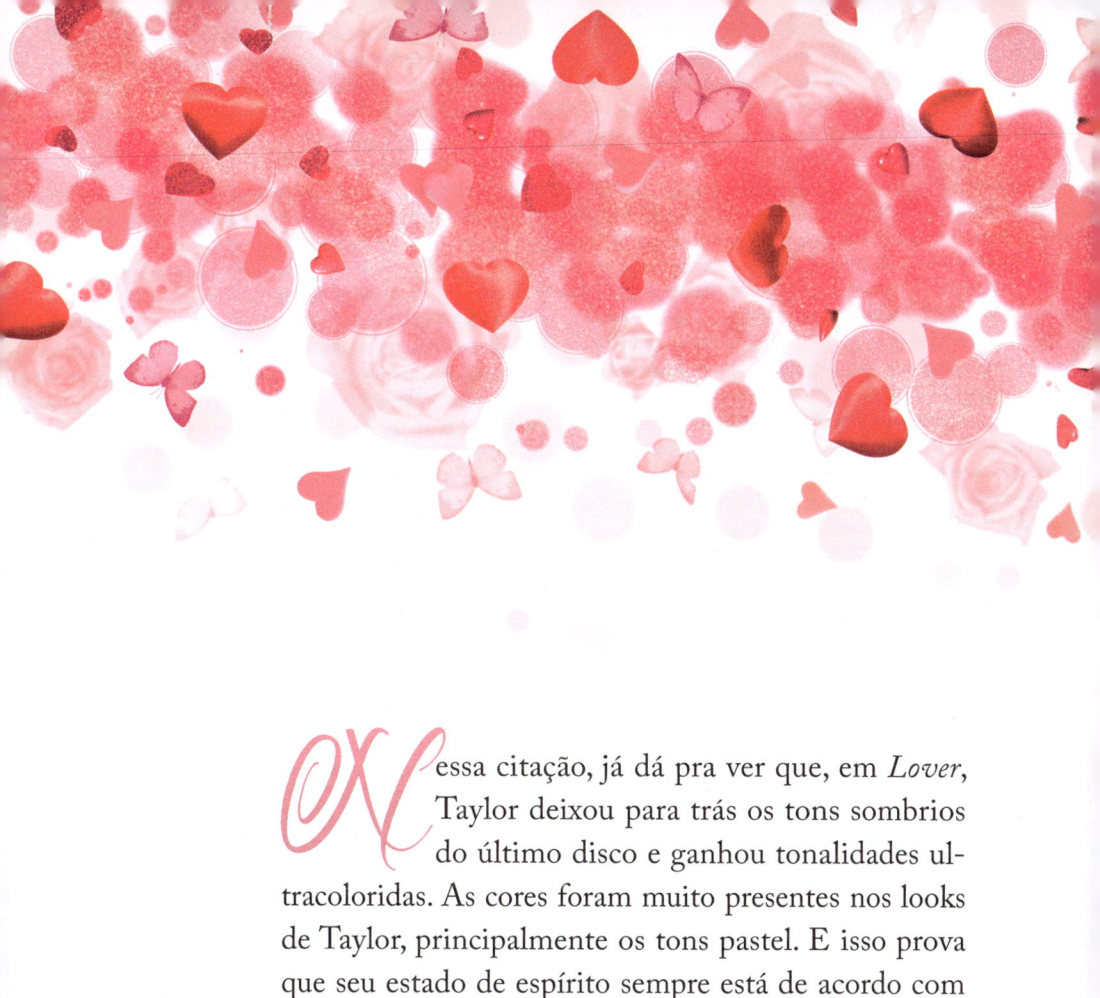

Nessa citação, já dá pra ver que, em *Lover*, Taylor deixou para trás os tons sombrios do último disco e ganhou tonalidades ultracoloridas. As cores foram muito presentes nos looks de Taylor, principalmente os tons pastel. E isso prova que seu estado de espírito sempre está de acordo com suas músicas.

Ela passou um tempão abraçando todos os seus demônios até lançar *Lover*, um álbum em que voltamos a ver uma Taylor mais serena, apaixonada e otimista.

ME!

"me!" começa com a promessa de que o cara nunca mais encontrará alguém como ela. E mesmo ciente de que ele "é o tipo de cara que as mulheres querem (e há um monte de garotas legais por aí)", ela promete que não existe ninguém capaz de amá-lo como ela.

A música é um dueto com Brendon Urie, da banda Panic! At the Disco.

Em entrevistas, Taylor descreve a música como um hino para as mulheres abraçarem a própria individualidade — com versos de autoafirmação e amor-próprio.

Dirigido conjuntamente por Dave Meyers e pela própria Taylor, o videoclipe começa com a cobra de *Reputation* se transformando em borboletas (e, desta forma, simbolizando uma nova era). Mas os gatos também são importantes: as gatinhas de Taylor, Meredith Grey e Olivia Benson, aparecem no videoclipe, além do gatinho Benjamin Button, que ela adotou após as filmagens.

LOVER

Na música que dá nome ao álbum, Taylor quis criar uma canção de amor atemporal. Na letra, ela pede às pessoas que se levantem, pois tem um grande anúncio a fazer. Na sequência, diz: "Aceito essa força magnética em forma de homem como meu amor". A história de amor também aparece no videoclipe, que mostra a vida romântica e idílica de um casal, interpretado pela própria Taylor e pelo ator e dançarino Christian Owens.

YOU NEED TO CALM DOWN

"O primeiro verso é sobre *trolls* e a cultura do cancelamento. O segundo verso é sobre pessoas homofóbicas e que fazem piquetes do lado de fora do show. O terceiro verso é sobre mulheres bem-sucedidas sendo colocadas umas contra as outras."

É assim que Taylor define a música: direto ao ponto.

O videoclipe começa com um close num quadro com a frase "Mãe, eu sou um homem rico" ("*Mom, I'm a Rich Man*"), uma referência à épica resposta dada pela cantora Cher quando sua mãe pediu a ela que se casasse com um homem rico.

No videoclipe, drag queens vestidas de Ariana Grande, Lady Gaga, Adele, Cardi B, Beyoncé e Nicki Minaj mostram que Taylor apoia toda forma de amor e está ao lado da comunidade LGBTQIAPN+.

E lembra o que Taylor disse sobre o terceiro verso da música? Pois é. No final do videoclipe, Katy Perry e Taylor Swift são vistas em um abraço no meio de uma guerra de comida, acabando, de uma vez por todas, com a narrativa de briga entre elas.

THE MAN

"The Man" é uma crítica ao sexismo sofrido pelas mulheres, contando como a sociedade machista sempre está pronta para julgá-las.

Em entrevistas, a artista contou que já se perguntou como seria vista se "tivesse feito as mesmas escolhas, cometido os mesmos erros, tido as mesmas realizações", com apenas uma diferença: se fosse homem.

Ao falar sobre desigualdade de gênero numa música, ela mostrou que estava cada vez mais segura para verbalizar suas opiniões e se posicionar politicamente em público.

No videoclipe, Taylor aparece caracterizada como um homem, mostrando comportamentos tóxicos masculinos, como a clássica cena do cara de pernas abertas no metrô. Ao final, a cantora aparece como "ela mesma" interpretando a diretora do filme protagonizado por sua versão masculina. Detalhe: a direção desse videoclipe é da própria artista, mostrando que ela é a mina.

CRUEL SUMMER

"Cruel Summer" sempre foi uma queridinha dos fãs, que não entenderam por que o hit dançante que fala sobre experiências pessoais de Taylor não foi lançado como single promocional na época da estreia. Alguns especulam que Taylor estaria guardando a música para meados de 2020, plano que não se concretizou por causa da pandemia.

A música é uma flechada no coração ao falar sobre as incertezas do início de um relacionamento em que ela tenta conter os sentimentos e não se mostrar tão apaixonada. Na "The Eras Tour", a canção recebe o destaque que sempre mereceu, sendo a música de abertura.

O amor sempre vence!

- "You Need to Calm Down" ganhou o VMA nas categorias Videoclipe do Ano e Melhor Videoclipe para uma Causa.
- "ME!" ganhou o VMA na categoria Melhores Efeitos Visuais.
- "The Man" ganhou o VMA na categoria Melhor Direção.
- Lover foi o álbum de estúdio mais vendido de 2019.
- Foi indicado ao Grammy na categoria Melhor Álbum de Pop.
- Ainda no Grammy, a música "You Need to Calm Down" foi indicada na categoria Melhor Performance Solo de Pop e a música "Lover" na categoria Canção do Ano.

folklore

"Muitas coisas que eu tinha planejado para este verão acabaram não acontecendo, mas tem uma que eu não estava planejando que ACONTECEU. E essa coisa é meu oitavo álbum, Folklore. Surpresa. Escrevi e gravei essas canções em isolamento, mas colaborei com alguns músicos que são heróis pra mim [...]. Antes deste ano, eu provavelmente teria pensado em como lançá-las na hora 'perfeita', mas os tempos em que estamos vivendo me mantêm lembrando que nada é garantido. Minha garganta me diz que, se alguém faz algo que ama, precisa mostrar para o mundo."

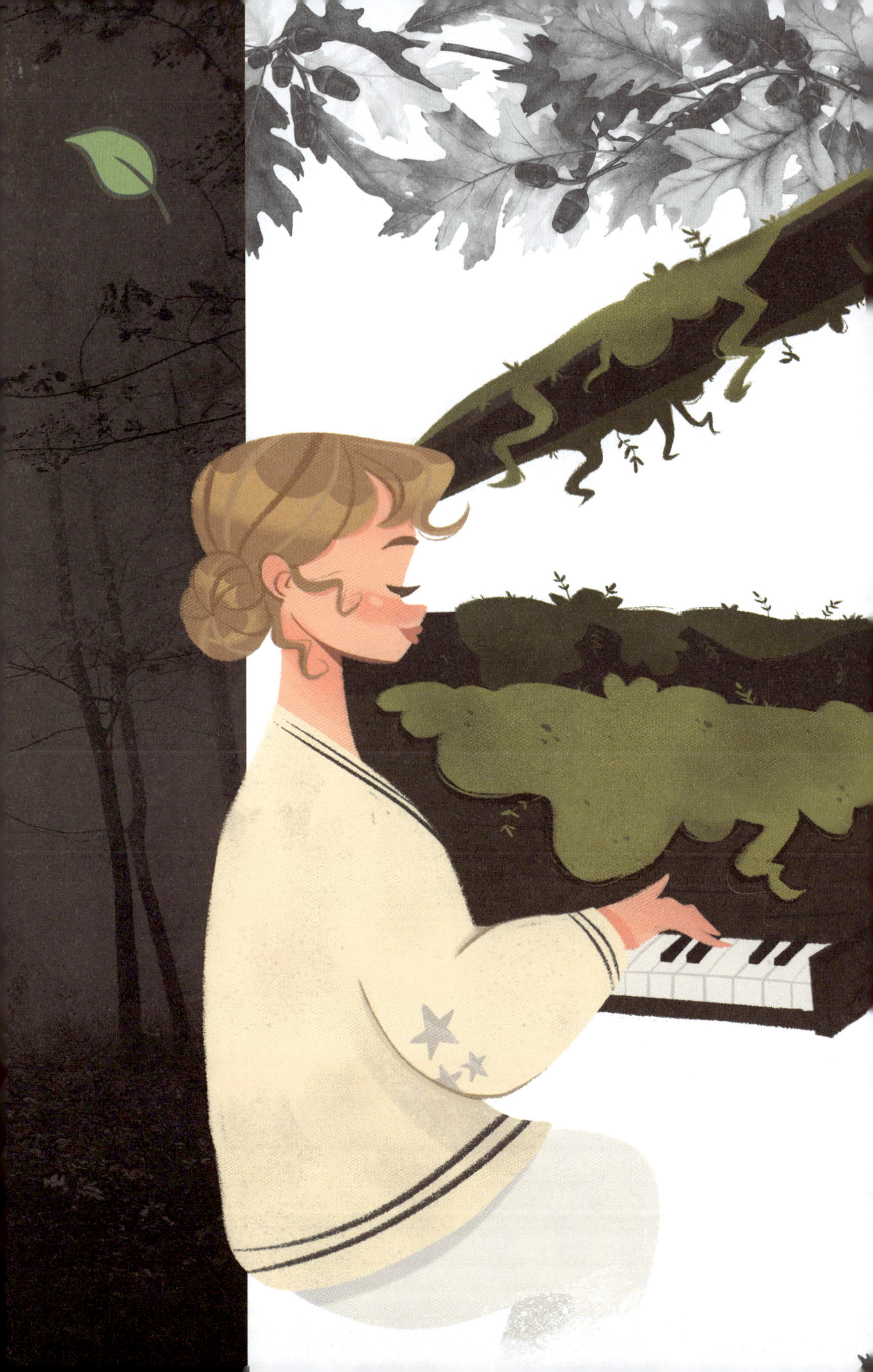

Taylor pega fundo nas letras melancólicas que exploram temas como amor, perdas, memória e autodescoberta em seu álbum *Folklore*.

Gravado durante o período de isolamento da pandemia de Covid-19, o disco mostra vulnerabilidade e nostalgia. Taylor abraça mais uma mudança de estilo, trazendo canções com uma pegada mais folk e indie.

O álbum desperta uma sensação de nostalgia e mistério, simbolizada pela floresta na capa do álbum. Muito elogiado pela crítica e indicado por alguns como o melhor álbum da carreira de Taylor até aquele momento, a obra reitera seu talento como compositora, calando até os *haters* mais ferrenhos.

CARDIGAN

Segundo Taylor, "Cardigan" é uma música sobre um amor perdido, explorando as razões por que os romances que vivemos quando jovens costumam permanecer para sempre em nossas recordações.

A música fala sobre o "início de um relacionamento, quando cada coisa parece mágica e repleta de beleza".

A analogia com o cardigã velho, que a pessoa veste dizendo que é seu favorito e depois descarta, é maravilhosa e representa o sentimento de abandono provocado pelo fim de um relacionamento.

Taylor adora colocar mensagens subliminares em seus videoclipes e nesse não foi diferente. Logo que começaram as gravações, ela disse que sua maior vontade era que o videoclipe tivesse "uma trama inteligente que também servisse como uma metáfora", e isso acontece logo nos primeiros vinte segundos. A câmera mostra a foto do avô de Taylor. A pintura ao lado da foto foi feita pela própria cantora durante a primeira semana de quarentena.

O videoclipe mostra uma relação que parecia ser uma verdadeira floresta mágica. Só que depois Taylor enfrenta uma turbulência bem no meio do oceano. É a representação do medo e do isolamento, que rolam quando a relação está perto do fim.

Então, ela entra numa cabana, com as roupas encharcadas, para mostrar que mudou bastante com a jornada. A própria artista contou em uma entrevista que o lugar "significa retornar a um senso de identidade depois de experimentar a perda do amor".

EXILE

"Exile" é uma linda parceria com a banda Bon Iver e explora a história de dois amantes discutindo uma relação que já terminou. A música é como uma conversa emocional entre o antigo casal, sendo que ele ainda não superou o término, mas ela já seguiu em frente.

A potência vocal de Justin Venon, vocalista da banda Bon Iver, expressa a dor de alguém que foi traído, em contraste com a interpretação doce de Taylor.

MY TEARS RICOCHET

"Assustadora e triste." Foi assim que os críticos descreveram "My Tears Ricochet", cuja letra é escrita da perspectiva do fantasma de uma mulher que encontra o homem que a assassinou (e por quem ela era apaixonada) em seu próprio funeral.

Diferente do que muitos imaginam, Taylor não se inspirou em filmes de terror, mas conta que foi estimulada por narrativas que girassem em torno do divórcio. "Isso parecia estranho, porque não o experimentei diretamente", conta.

Em entrevistas, ela diz que não existia razão para que isso lhe causasse tanta dor. "Mas de repente parecia algo pelo qual eu tinha passado. Acho que isso acontece sempre que um relacionamento de quinze anos termina de forma confusa e perturbadora."

Para Taylor, o pano de fundo foi imaginar que a pessoa em quem mais confiava poderia ser aquela que mais a machucaria.

AUGUST

"August" fala sobre um triângulo amoroso formado por personagens fictícios: James, Betty e a personagem que narra a história da canção — cujo nome não é revelado na música. Em seu documentário *Folklore: The Long Pond Studio Sessions*, Taylor disse que a chama de "Augusta" ou "Augustine".

É como um romance de verão que ardeu rapidamente até se esgotar.

Na música ela apresenta uma personagem sem rosto, que sabe que aquele romance será rápido e se tornará apenas uma lembrança. A música fala da esperança de que aquele amor dure, mas antecipando que no futuro tudo será apenas uma lembrança.

Os fãs consideram "August" a música característica do mês de agosto (verão no hemisfério norte), e é claro que ela sempre ressurge nas paradas musicais nessa época do ano.

Uma verdadeira LENDA!
- *Folklore* venceu o Grammy de 2021 na categoria Álbum do Ano, tornando Swift a primeira mulher na história a ganhar três vezes na categoria.
- O álbum ainda foi indicado na categoria Melhor Álbum de Pop.
- A música "Cardigan" foi indicada nas categorias Canção do Ano e Melhor Performance Solo de Pop, e "Exile" na categoria Melhor Performance de Dupla/Grupo de Pop.

evermore

"Para tentar ser mais poética, parece que estávamos à beira do bosque folclórico e tínhamos uma escolha: virar e voltar ou viajar ainda mais para dentro da floresta dessas músicas.[...] Adorei o escapismo que encontrei nesses contos imaginários e não imaginários. Adorei a maneira como vocês acolheram as paisagens oníricas, as tragédias e os contos épicos de amor perdido e encontrado. Então continuei escrevendo-os. [...] Não tenho ideia do que virá a seguir. Não tenho ideia de muitas coisas hoje em dia e por isso me agarrei à única coisa que me mantém conectada a todos vocês. Essa coisa sempre foi e sempre será a música.
E que continue, para sempre."

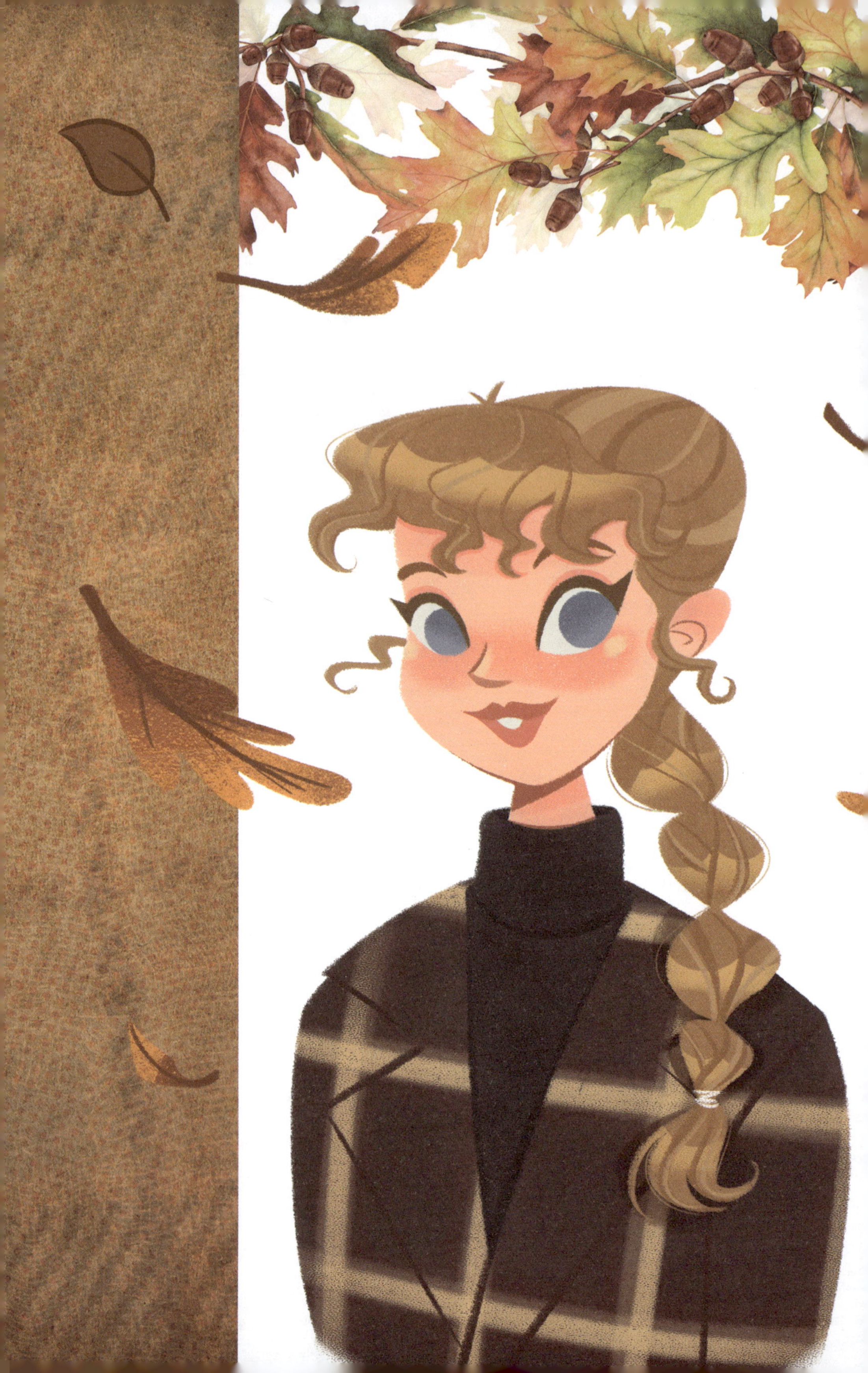

Como a própria Taylor diz, *Evermore* nos convida a um mundo de fantasias.

Arranjos mais complexos, com instrumentos como violões, pianos e cordas, e letras mais literárias mostram quanto Taylor evoluiu como artista e compositora.

No álbum, ela usa muitas metáforas e imagens para falar sobre os altos e baixos da vida, em meio a um cenário que remete à natureza e ao folclore.

Vamos deixar a própria Taylor apresentar seu trabalho: "Eu sempre quis representar o outono e o inverno, enquanto *Folklore* representa a primavera e o verão. Eu sempre quis fazer uma antologia em duas partes que fosse um trabalho coletivo, e isso aconteceu naturalmente".

WILLOW

Trata-se de uma música bem emotiva, que descreve uma montanha-russa de emoções. Fala de medo, confiança, incerteza de uma nova relação, aceitação das falhas do outro e a coragem de continuar.

No dia do lançamento do videoclipe, Taylor passou um tempão respondendo a perguntas no YouTube sobre o álbum.

Ela foi categórica ao dizer que "Willow" aborda o desejo e a complexidade que é querer alguém. "Eu acho que soa como um feitiço para fazer alguém se apaixonar por você."

No videoclipe, Taylor mergulha em um rio depois de ver um reflexo inesperado. Em seguida, ela participa de uma espécie de ritual e usa um fio dourado para viver seu romance.

CHAMPAGNE PROBLEMS

O título da música é uma metáfora para se referir a problemas de pessoas ricas, problemas menos "reais".

A letra conta a história de uma mulher que choca o namorado e os parentes quando recusa o pedido de casamento perto do Natal.

"Eles eram um belo casal que tinha planos bem diferentes para a mesma noite; um queria terminar, e o outro trouxe um anel", resumiu Taylor.

A música também trata de um tema muito importante: a saúde mental.

RIGHT WHERE YOU LEFT ME

"Você não me deixou escolha
A não ser ficar aqui para sempre"

Essa frase do refrão sintetiza o espírito da música, que conta sobre como é se sentir paralisada e incapaz de seguir adiante depois do fim de um relacionamento.

A letra começa mencionando por meio de exemplos o ritmo constante de mudanças na vida.

Mas ela permanece no mesmo lugar onde foi deixada, coletando poeira, incapaz de esquecer ou aceitar. É disso que se trata a música de Taylor. Um hino para quem acabou de terminar uma relação ou para quem, mesmo depois de anos, sente que não superou por completo uma história de amor perdido.

NO BODY, NO CRIME

A letra fala sobre uma mulher que suspeita de estar sendo traída pelo marido e, então, sai em busca da verdade.

Taylor conta que a música é baseada em seu fascínio por histórias policiais.

"'No Body, No Crime' foi diretamente baseada no meu amor por podcasts que narram crimes reais e programas do tipo *Dateline*. Além disso, eu meio que tinha essa melodia na minha cabeça e pensei na minha amiga, Este. Sempre achei o nome dela tão legal, então tudo meio que se juntou nesse tipo de enredo de assassinato misterioso com vingança. Perguntei para minha amiga se eu poderia usar o nome para designar a personagem principal e ela concordou."

O resto foi por conta do talento e da imaginação de Taylor, que convocou as irmãs da banda HAIM para ajudá-la a contar esta história.

PARA SEMPRE *na memória!*
- *Evermore foi indicado ao Grammy de 2022 na categoria Álbum do Ano.*
- *Oitava estreia consecutiva na primeira posição da Billboard 200, ficando quatro semanas no topo da parada.*

Midnights

"Permanecemos acordados no amor e no medo, na agitação e nas lágrimas. Encaramos as paredes e bebemos até que elas respondam. Nos contorcemos em nossas jaulas autoimpostas e rezamos para que, neste exato momento, não estejamos prestes a cometer algum erro fatídico que altere nossa vida. Esta é uma coleção de músicas escritas no meio da noite, uma jornada por entre terrores e doces sonhos. Os caminhos que percorremos e os demônios que enfrentamos. Para todos nós que viramos e reviramos na cama e decidimos manter as lanternas acesas e sair à procura, esperando que, talvez, quando o relógio bater meia-noite... nos encontremos."

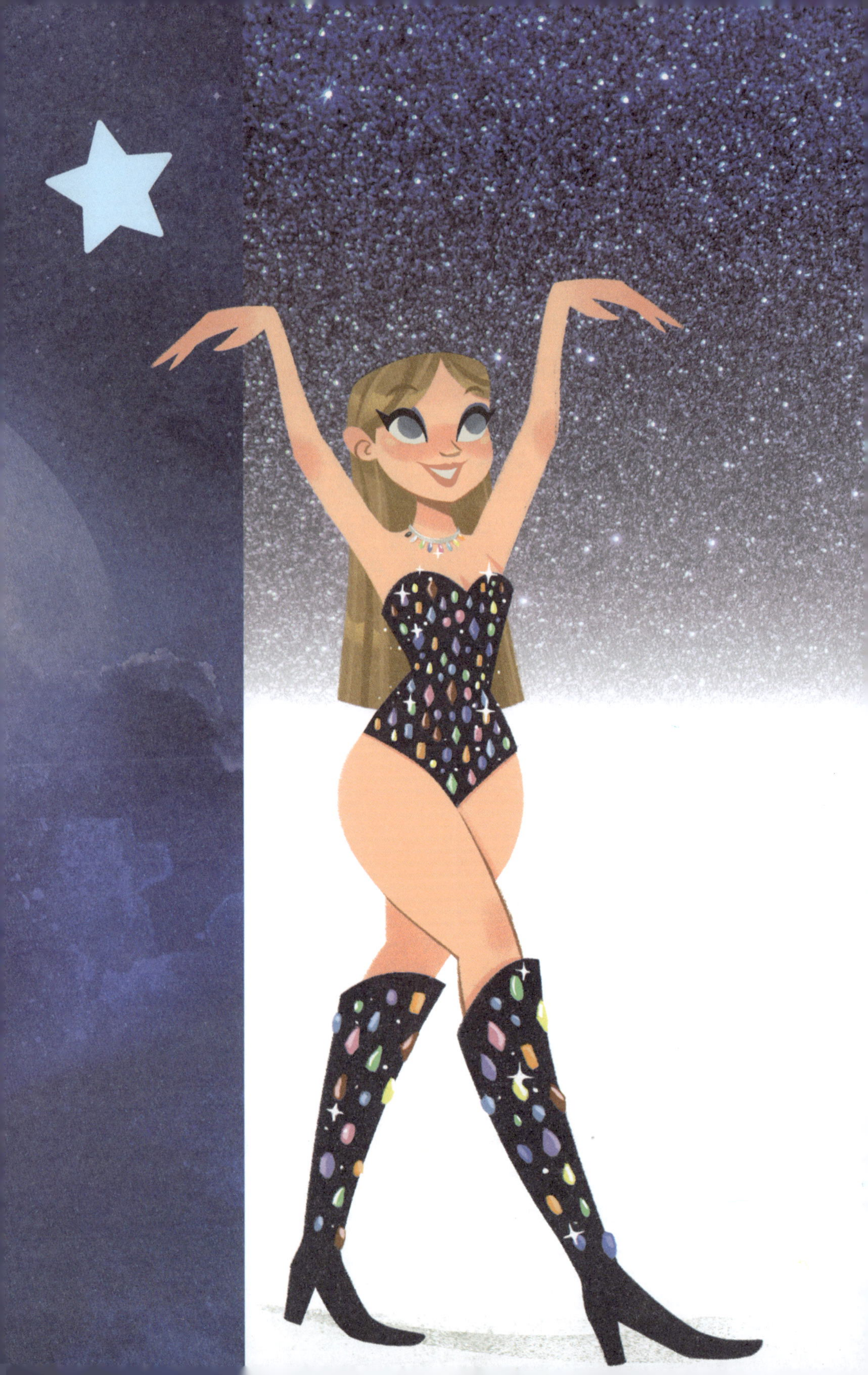

Sabe o que são medos profundos? Aqueles que voltam para nos assombrar tarde da noite e atrapalham o nosso sono?

Taylor sabe.

E conversa com seu público sobre eles de maneira sincera.

Não são apenas medos. São inseguranças, frustrações, dúvidas sobre o passado e o presente. Todo o conceito de *Midnights* gira em torno disso. Segundo a própria Taylor, cada canção do álbum representa uma noite em que ela não conseguiu pregar o olho, acompanhada por angústias insones. Ela deixou tudo isso vir à tona num álbum que a traz de volta ao pop, mas sem deixar de lado o estilo mais intimista que explorou em *Folklore* e *Evermore*. Afinal, já passa da meia-noite, e as conversas são mais sóbrias, com vozes mais baixas.

O visual dessa era é inspirado na década de 1970. Muito tricô, pele, brilho e veludo, especialmente num tom de azul-escuro que lembra o céu noturno.

ANTI-HERO

A letra do primeiro single do álbum bateu forte em todo mundo. O fã-clube ficou de cara! Era quase uma autobiografia. Além disso, é difícil não se identificar com ela em alguma esfera da vida.

A cantora decidiu revelar como se sentia de verdade entre quatro paredes. E é assim que ela fala dos fantasmas que a perseguem e, no geral, sobre muitas coisas com que teve de lidar e dar conta ao longo da carreira.

No videoclipe, quando Taylor tenta sair de casa para escapar dos fantasmas, acaba encontrando outra versão de si mesma. Uma versão muito mais festeira, mas também autodestrutiva. Há ainda uma Taylor gigante, o monstro da colina capaz de amedrontar a todos, uma evidente alusão à fama e ao seu crescimento meteórico como artista.

Em determinado momento do clipe, a versão festeira de Taylor reprime a cantora por estar acima do peso e, na balança, aparece a palavra "gorda". A cena causou polêmica e uma nova versão do clipe, sem o close na balança, foi publicada no YouTube.

O videoclipe termina com as três versões se reunindo no telhado. No fim, a mensagem é que todos temos partes sombrias, facetas das quais não nos orgulhamos. O crescimento acontece quando paramos de fugir dos nossos defeitos e começamos a assumi-los.

*"Sou eu, oi
eu sou o problema, sou eu"*

LAVENDER HAZE

Uma "névoa de lavanda". Essa é a tradução da música de abertura de *Midnights*.

Nos Estados Unidos, o termo era usado na década de 1950 para se referir à sensação do começo de um relacionamento, o momento em que a paixão é avassaladora, quase como o estágio de lua de mel numa relação.

Taylor conta que ficou sabendo do termo pelo seriado *Mad Men*. E achou a alusão tão legal que decidiu transformá-la em música.

O mais curioso é que, mesmo fazendo uso de um termo romântico, Taylor expressa o desejo de manter a privacidade de seu relacionamento, e se queixa dos boatos e das opiniões sobre sua vida.

No videoclipe, repleto de imagens oníricas, ela se joga na névoa de lavanda e nos braços do modelo Laith Ashley. A presença do ator trans como interesse romântico de Taylor no videoclipe fez os fãs vibrarem com a representatividade.

Em suas redes sociais, o ator escreveu: "Obrigado, Taylor Swift, por me permitir participar de uma pequena parte de sua história. Você é incrível e eu nunca me esquecerei dessa experiência. Foi realmente mágico. Sua habilidade em contar histórias por meio de suas músicas e videoclipes continua me deixando admirado, inspirado e esperançoso.

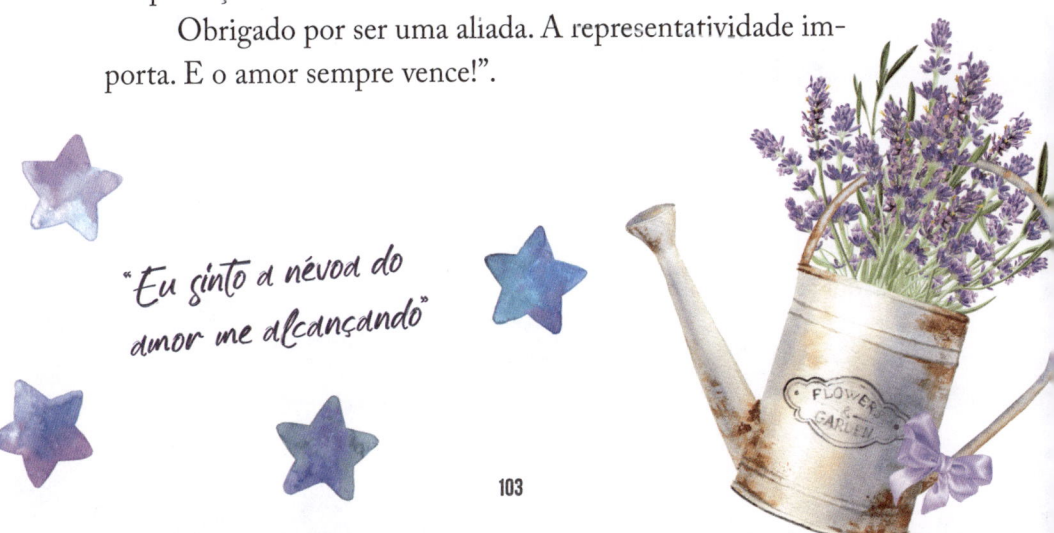

Obrigado por ser uma aliada. A representatividade importa. E o amor sempre vence!".

"Eu sinto a névoa do amor me alcançando"

KARMA

Como o próprio nome já sugere, a música é uma carta aberta e metafórica sobre a relação da cantora com o carma. Por meio dela, Taylor explica que parece ter de fato deixado as controvérsias do passado para trás.

Na letra, ela evidencia que acredita que seu carma é positivo. Afinal, por mais que cometa erros, sabe que nunca quis passar a perna em ninguém.

Para apimentar a música, ela convidou a rapper Ice Spice para uma parceria no videoclipe do single.

BEJEWELED

"Colocar alguém em primeiro lugar só funciona quando você está entre os cinco primeiros dela" e "Não me deixe no porão quando eu quero a cobertura do seu coração" são duas frases matadoras de "Bejeweled", que fala muito sobre autoconfiança e a capacidade para perceber quando não se está sendo valorizado numa relação.

Assim, todos são encorajados a reconhecer a própria luz, principalmente quando a diva canta "E quando chego num cômodo, ainda posso fazer todo o lugar brilhar".

O contraste entre as imagens de ser escondida num porão e a descoberta de que ainda é possível brilhar feito uma joia remete à história da Cinderela, referência explorada no videoclipe.

No clipe, Taylor aparece como Cinderela, sendo humilhada por sua madrasta (interpretada pela atriz Laura Dern) e suas irmãs (vividas pelas irmãs da banda HAIM).

DORMIR não dá prêmios!

- *Midnights* bateu o recorde de maior número de reproduções em um único dia para um álbum no Spotify.
- Alcançou o topo da Billboard 200 em sua estreia.
- Ganhou o VMA de Álbum do Ano, tornando Taylor a única artista a ter vencido quatro vezes o troféu principal da MTV.
- "Anti-Hero" venceu o VMA nas categorias Videoclipe do Ano, Canção do Verão, Melhor Videoclipe de Pop, Melhor Direção, Melhor Cinematografia e Melhores Efeitos Visuais.

THE ERAS TOUR. Só se fala nisso: a grande turnê em que Taylor passeia por todas as eras de sua prolífica carreira, repleta de transformações.

É uma empreitada grandiosa e inédita. Este é o motivo de tamanho sucesso: é uma grande celebração do trabalho de Taylor, da vida dos fãs que cresceram com ela, da trajetória da cantora.

E a loirinha está investindo tudo na "The Eras Tour". Não apenas dinheiro, mas também seu tempo, sua energia e muita dedicação. É muito difícil reunir dez álbuns em um único show, e cada apresentação tem um total de 44 músicas. É claro que cada ato conta com cenografia e figurino especial, todos de grifes, verdadeiras obras de arte.

Taylor optou por apresentar suas eras fora de ordem cronológica. Ela começa por *Lover*, justamente a turnê que foi cancelada pela pandemia de Covid-19, abrindo com um mash-up de "Miss Americana & The Heartbreak Prince" e "Cruel Summer". Em seguida, vêm *Fearless* e *Evermore*. Nesta última, o palco se transforma numa verdadeira floresta, antes de voltar a mudar para o estilo de *Reputation*. *Speak Now* conta com duas músicas na setlist, as icônicas "Enchanted" e "Long Live". Depois vêm *Red, Folklore* e *1989*. Estamos nos aproximando do fim do espetáculo, mas, antes, há a muito aguardada seção acústica, em que Taylor toca duas canções surpresa que podem pertencer a qualquer era. Por fim, encerra a apresentação com as canções da era *Midnights*, terminando o show com "Karma". Tudo feito com muito carinho, pensando em encantar o público, especialmente as crianças, com quem a cantora sempre interage.

Em uma das apresentações em Las Vegas, ela realizou o sonho de uma menina de sete anos chamada Bella, que foi ao show com uma só missão: entregar uma carta à cantora. A mãe de Bella contou no TikTok que a menina fez a carta horas antes do show. Um dos recepcionistas do estádio disse que faria a carta chegar a Taylor. No meio do show, elas tiveram uma surpresa: a equipe de Taylor devolveu a carta assinada.

Mas esse não foi o único momento fofo da cantora com crianças na turnê. Em Los Angeles, ela chamou ao palco Bianca Bryant, filha do lendário jogador de basquete Kobe Bryant, que faleceu em um acidente de helicóptero com sua outra filha, Gigi. Taylor então a presenteou com o chapéu que usa ao cantar "22". Claro que o estádio veio abaixo em lágrimas. Na verdade, deve ser difícil segurar a emoção durante toda a duração do show.

Além do sucesso de crítica e público, a "The Eras Tour" também tem obtido grande êxito comercial: com um faturamento estimado em mais de 1 bilhão de dólares, pode se tornar a turnê mais lucrativa da História. Se isso de fato acontecer, Taylor vai se transformar na primeira artista a conquistar a marca e entrará para a história da indústria fonográfica mais uma vez.

Além disso, a turnê pode elevar Taylor ao patamar de cantoras bilionárias. Sua fortuna hoje é estimada em 740 milhões de dólares, à frente de ícones como Madonna e Beyoncé.

A "The Eras Tour" ainda não chegou ao fim, mas promete quebrar uma longa lista de recordes.

A ARTE CORRE EM SUA VEIAS e a nossa diva usa e abusa de seu talento em diferentes ramos artísticos. Entre eles, participações em filmes.

A estreia de Taylor nos cinemas se deu em *Idas e vindas do amor*. Para a trilha sonora, a cantora escreveu "Today Was a Fairytale". Ela também participou do drama distópico *O doador de memórias*, do filme de época *Amsterdam*, das adaptações para o cinema do clássico musical *Cats* e da série *Hannah Montana*, para a qual compôs a música "You'll Always Find Your Way Back Home". Em *O Lorax: Em busca da trúfula perdida*, ela dublou a personagem Audrey. Taylor ainda fez pontas em algumas séries de televisão, como em um episódio da 9ª temporada de csi: *Las Vegas*.

A carreira de Taylor também é repleta de registros documentais de suas apresentações.

Em 2010, lançou *Journey to Fearless*, onde mostrava os bastidores da turnê, e em 2015, *The 1989 World Tour Live* para celebrar a turnê de *1989*. Depois, repetiu a fórmula com a *Reputation Stadium Tour*.

Em *City of Lover*, Taylor apresenta os sucessos do álbum *Lover* em Paris. Tem cidade mais romântica?

Folklore: The Long Pond Studio Sessions, dirigido pela própria Taylor, fala sobre o processo criativo por trás das canções e sobre como foi trabalhar em um álbum durante a pandemia.

Um filme registrando a "The Eras Tour" também ganhou as telonas, já que, como disse a loirinha, a turnê tem sido a experiência mais significativa e eletrizante de sua vida!

MISS AMERICANA

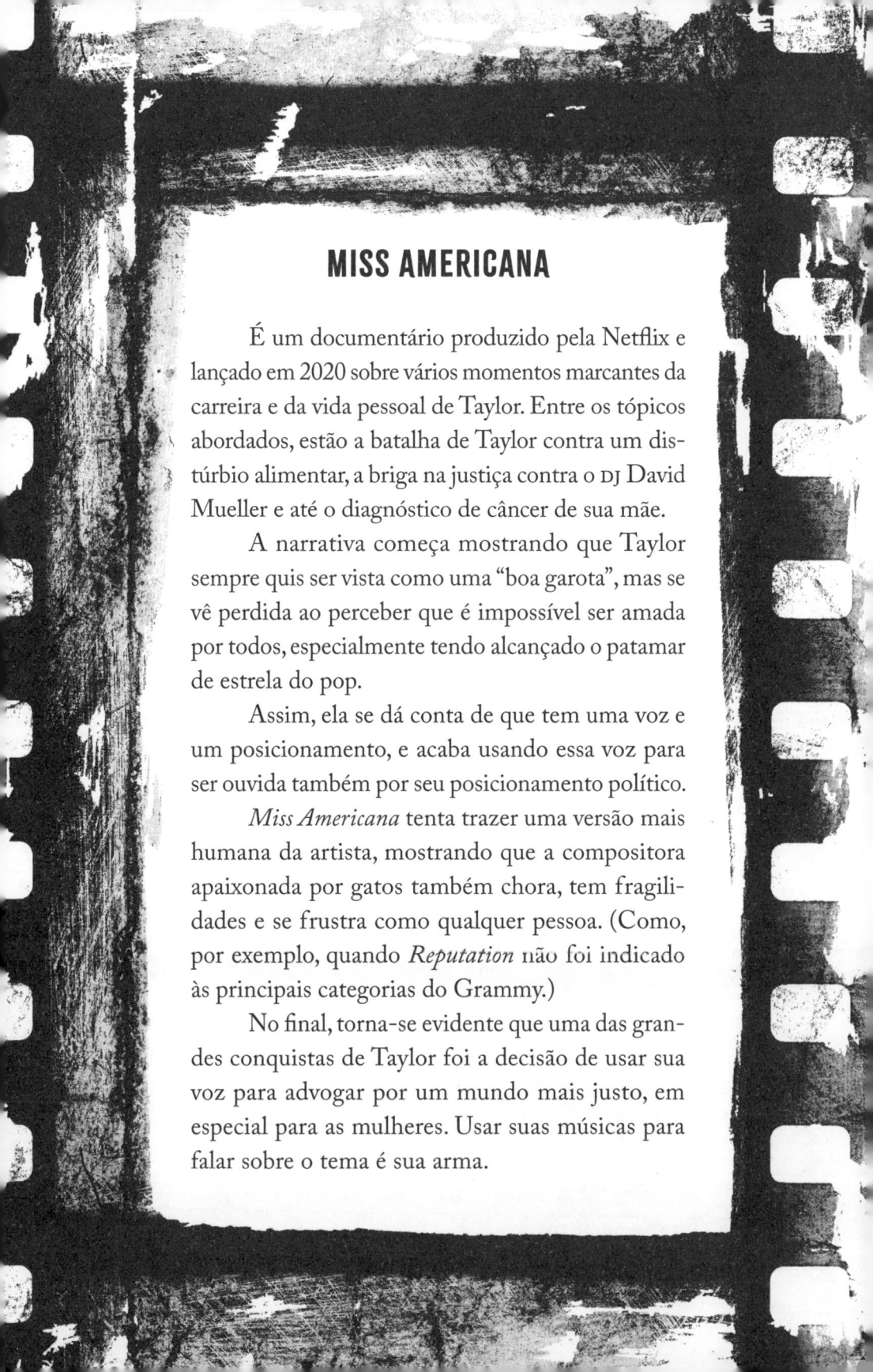

É um documentário produzido pela Netflix e lançado em 2020 sobre vários momentos marcantes da carreira e da vida pessoal de Taylor. Entre os tópicos abordados, estão a batalha de Taylor contra um distúrbio alimentar, a briga na justiça contra o DJ David Mueller e até o diagnóstico de câncer de sua mãe.

A narrativa começa mostrando que Taylor sempre quis ser vista como uma "boa garota", mas se vê perdida ao perceber que é impossível ser amada por todos, especialmente tendo alcançado o patamar de estrela do pop.

Assim, ela se dá conta de que tem uma voz e um posicionamento, e acaba usando essa voz para ser ouvida também por seu posicionamento político.

Miss Americana tenta trazer uma versão mais humana da artista, mostrando que a compositora apaixonada por gatos também chora, tem fragilidades e se frustra como qualquer pessoa. (Como, por exemplo, quando *Reputation* não foi indicado às principais categorias do Grammy.)

No final, torna-se evidente que uma das grandes conquistas de Taylor foi a decisão de usar sua voz para advogar por um mundo mais justo, em especial para as mulheres. Usar suas músicas para falar sobre o tema é sua arma.

O FÃ-CLUBE DE TAYLOR não é um fã-clube comum. Os Swifties são muito engajados em tudo o que a cantora faz — e também estão sempre sendo beneficiados pela equipe dela.

Por exemplo: você sabia que Taylor costumava promover "sessões secretas" para se reunir com os fãs e apresentar novas músicas? Ela fez isso especialmente para os álbuns *1989*, *Reputation* e *Lover*.

Em um destes eventos exclusivos, quase noventa Swifties foram levados para o local da sessão secreta. Lá, encontraram-se com Taylor, que cumprimentou todos os fãs, sentou-se ali no meio deles e começou a conversar, explicando como compunha suas músicas, o que a motivava a escrever, como ficava inspirada e, logo em seguida, começou a cantar. No meio da sessão, Olivia, a gatinha de Taylor, apareceu e foi segurada no colo por uma fã que caiu em lágrimas.

Dá pra imaginar o quão fantástica deve ter sido a experiência!

AS PULSEIRAS DA AMIZADE

Desde o anúncio da "The Eras Tour", muitos fãs estão se dedicando a produzir inúmeras pulseiras da amizade, feitas de miçangas, para trocar entre si durante os shows da cantora.

A ideia é compartilhada pelo TikTok, no qual os fãs mostram o processo de produção e os braços lotados de pulseiras. Até a mãe de Taylor, Andrea, entrou na onda.

E tudo isso está acontecendo porque, em um trecho da música "You're On Your Own, Kid", do álbum *Midnights*, Swift fala sobre pulseiras da amizade:

"Faça as pulseiras da amizade, aproveite o momento e saboreie. Você não tem motivo para ter medo."

Assim, os Swifties seguem interagindo e criando moda por aí. Tem fã-clube mais legal?

APÓS ESSE PASSEIO pela carreira de Taylor Swift, deu para perceber que ela abala as estruturas da indústria fonográfica e, às vezes, abala o planeta literalmente!

Isso aconteceu em Seattle, quando as duas noites de apresentação da turnê "The Eras Tour" geraram uma atividade sísmica equivalente a um terremoto de magnitude 2,3. O fenômeno ganhou o apelido de "Swift Quake", ou "Abalo Swift". Foi isso mesmo: o público se deixou levar à la "Shake It Off" e, literalmente, fez o chão tremer.

Porque um show não é formado apenas por pessoas. Há movimento, música e, o mais importante: a energia contagiante do público, guiado por uma artista que é capaz de fazer rir e chorar. Uma artista que, ao expressar sua arte, faz com que a energia de cada corpo se multiplique.

Acompanhar Taylor Swift é como estar diante de um fenômeno da natureza. E nem é preciso um terremoto para provar isso!

As letras de músicas utilizadas nesta edição foram todas traduzidas por Felipe CF Vieira:

22. Composição: Taylor Swift; Max Martin; Shellback. Intérprete: Taylor Swift. Álbum: *Red*, 2012.

Anti-Hero. Composição: Taylor Swift; Jack Antonoff. Intérprete: Taylor Swift. Álbum: *Midnights*, 2022.

Bad Blood. Composição: Taylor Swift; Kendrick Lamar; Max Martin; Shellback. Intérpretes: Taylor Swift; Kendrick Lamar. Álbum: *1989*, 2014.

Bejeweled. Composição: Taylor Swift; Jack Antonoff. Intérprete: Taylor Swift. Álbum: *Midnights*, 2022.

Better Than Revenge. Composição: Taylor Swift. Intérprete: Taylor Swift. Álbum: *Speak Now*, 2010.

Better Than Revenge - Taylor's Version. Composição: Taylor Swift. Intérprete: Taylor Swift. Álbum: *Speak Now - Taylor's Version*, 2023.

Dear John. Composição: Taylor Swift. Intérprete: Taylor Swift. Álbum: *Speak Now*, 2010.

Enchanted. Composição: Taylor Swift. Intérprete: Taylor Swift. Álbum: *Speak Now*, 2010.

Everything Has Changed. Composição: Taylor Swift; Ed Sheeran. Intérprete: Taylor Swift; Ed Sheeran. Álbum: *Red*, 2012.

Forever & Always. Composição: Taylor Swift. Intérprete: Taylor Swift. Álbum: *Fearless*, 2008.

I Knew You Were Trouble. Composição: Taylor Swift; Max Martin; Shellback. Intérprete: Taylor Swift. Álbum: *Red*, 2012.

Lavender Haze. Composição: Taylor Swift; Jack Antonoff; Zoë Kravitz; Mark Spears; Jahaan Sweet; Sam Dew. Intérprete: Taylor Swift. Álbum: *Midnights*, 2022.

Long Live. Composição: Taylor Swift. Intérprete: Taylor Swift. Álbum: *Speak Now*, 2010.

Lover. Composição: Taylor Swift. Intérprete: Taylor Swift. Álbum: *Lover*, 2019.

ME!. Composição: Taylor Swift; Joel Little; Brendon Urie. Intérpretes: Taylor Swift; Brendon Urie. Álbum: *Lover*, 2019.

Mean. Composição: Taylor Swift. Intérprete: Taylor Swift. Álbum: *Speak Now*, 2010.

Much Better. Composição: Joe Jonas; Kevin Jonas II; Nicholas Jonas. Intérprete: Jonas Brothers. Álbum: *Lines, Vines and Trying Times*, 2009.

Our Song. Composição: Taylor Swift. Intérprete: Taylor Swift. Álbum: *Taylor Swift*, 2006.

Right Where You Left me. Composição: Taylor Swift; Aaron Dessner. Intérprete: Taylor Swift. Álbum: *Evermore*, 2020.

Stay Beautiful. Composição: Taylor Swift; Liz Rose. Intérprete: Taylor Swift. Álbum: *Taylor Swift*, 2006.

The Best Day. Composição: Taylor Swift. Intérprete: Taylor Swift. Álbum: *Fearless*, 2008.

Tim McGraw. Composição: Taylor Swift; Liz Rose. Intérprete: Taylor Swift. Álbum: *Taylor Swift*, 2006.

You're on Your Own, Kid. Composição: Taylor Swift; Jack Antonoff. Intérprete: Taylor Swift. Álbum: *Midnights*, 2022.